EL CUIDADO EN LA PALABRA:
Un acercamiento bíblico-terapéutico al cuidado y consejería pastoral

Samuel E. Pérez Rivera

EL CUIDADO EN LA PALABRA

Edición: Ivelisse Valentín Vera
Corrección de estilo: Arminda Rivero
Diseño de portada y diagramación: Grafika4

Copyright © 2016
Samuel E. Pérez Rivera
TodoGracia Publishing.
San Juan, Puerto Rico

PMB 169, 90 Ave. Río Hondo, Bayamón, PR 00961
787-512-0043 / 787-248-2457
www.icetpr.org | info@icetpr.org

Todos los derechos reservados.

ISBN: 1532947631
ISBN 13: 978-1532947636

DEDICATORIA

A mi amada madre Hilda A. Rivera

Una mujer que ha sabido afrontar la vida en todas sus dimensiones y que me enseñó a enfrentar la vida con optimismo, voluntad, fe y esperanza.

AGRADECIMIENTOS

Arminda Rivero

Ivelisse Valentín Vera

Junta de Oficiales y miembros
Iglesia del Nazareno Levittown, P.R.

CONTENIDO

PRÓLOGO   1

INTRODUCCIÓN   5

1   UTILIZANDO ELEMENTOS DE LA PSICOTERAPIA   13
EN EL CUIDADO CLÍNICO PASTORAL

2   LA ESPIRITUALIDAD EN EL DESARROLLO   29
INTEGRAL DEL SER HUMANO
por Ivelisse Valentín Vera, D.Min.

3   MODELOS CLÍNICOS DE TERAPIA   43
Y CUIDADO

4   EL MÓDELO DE CUIDADO PASTORAL INTEGRAL   65

CONCLUSIÓN   99

ACERCA DEL AUTOR   105

Samuel E. Pérez Rivera

PRÓLOGO

"La esencia humana no se encuentra tanto en la inteligencia, en la libertad o en la creatividad, cuanto básicamente en el cuidado... En el cuidado se encuentra el ethos fundamental de lo humano. Es decir, en el cuidado identificamos los principios, los valores y las actitudes que convierten la vida en un vivir bien y las acciones en un recto actuar."—Leonardo Boff, *El Cuidado Esencial: Ética de lo Humano, Compasión por la Tierra*

El nacimiento y desarrollo de este trabajo del Dr. Samuel E. Pérez, lo he visto de cerca, como acompañante en este proceso creador. Tal cual se engendra una obra de arte, en el vientre y en el corazón de su autor se fueron gestando las ideas que crecieron, tomaron forma y finalmente emergieron en el producto que usted tiene en sus manos. Desde el corazón de un pastor de más de 37 años de experiencia brota una palabra que ha revisitado su transitar por el escenario ministerial para tomar en consideración las necesidades más urgentes de la vida del ser humano y de aquellos que necesitan capacitarse para atenderlas efectivamente. Es así como el Dr. Pérez concurre de alguna manera con el pensamiento de Leonardo Boff sobre la importancia del *cuidado* como *ethos* de lo humano; o sea, como parte del carácter moral del individuo. Desde el nacimiento somos cuidados y nos vamos integrando a la danza de *dar y recibir cuidados;* danza mística que caracteriza al ser humano porque le inserta en la dimensión sagrada del amor. Se cuida porque se ama y se ama lo que se cuida.

El cuidado como *ethos* no es el cumplimiento de las responsabilidades de un oficio o de las expectativas relacionadas al desempeño de una función o de una relación. El cuidado como *ethos* se da en una relación de mutualidad, de necesidad y desprendimiento que se ejemplifica de manera última en la relación de Jesús y el ser humano. En esta relación a su vez se materializa el *ethos* mismo de Dios, su carácter, naturaleza y esencia: cuidar del hombre y la mujer de manera integral en una relación de encarnación de lo Divino en lo humano.

Un cuidado pastoral efectivo se garantiza al integrar elementos básicos de las ciencias de la conducta a los elementos terapéuticos principales en el acercamiento de Jesús: acercarse sin hacer acepción de personas, escuchar sin condenar, entrar en el terreno sagrado de los sentimientos más íntimos; compartir el pan material, emocional y espiritual, y engendrar en el aconsejado la esperanza que nace de un encuentro con lo Sagrado.

En este libro el autor materializa su preocupación por ofrecer herramientas esenciales para que los agentes pastorales que no han tenido la oportunidad de exponerse a estudios académicos extensos en los campos de las ciencias de la conducta humana puedan recibir una guía estructurada y un modelo efectivo para cuidar con la

EL CUIDADO EN LA PALABRA

Palabra sin descuidar todas las dimensiones del ser. El autor ha podido identificar un lenguaje sencillo pero no simple para presentar recursos de profundidad.

Los primeros capítulos nos permiten entender rápidamente la relevancia y pertinencia que ha tenido la integración de la espiritualidad a la psicoterapia por parte de algunos especialistas del campo clínico; pero también hace un recorrido importante en la integración de la psicoterapia a la religión como manifestación colectiva de la espiritualidad del individuo. Pérez hilvana eficazmente estos conceptos mientras define, explica y ejemplifica las funciones de un cuidador pastoral desde la perspectiva bíblica y desde las expectativas socio-culturales y religiosas a través de los años.

Aterrizar a lo que el llama el "Modelo de Cuidado Pastoral Integral" se da de forma orgánica pero a su vez en un ascendente de expectación. De pronto nos encontramos con una sencilla pero a su vez profunda exegesis y hermenéutica del texto bíblico de los caminantes de Emaús que nos presenta a Jesús como el terapista por excelencia. Pero como si eso fuera poco nos conduce en una narrativa sensible al pie de una mujer sufriente que ejemplariza las cientos de personas que pasan por la vida de un pastor o ministro en busca de esperanza y de solución para su sufrimiento. Es ahí donde el Dr. Pérez pone en nuestras manos un ejercicio práctico de lo que a través de los cuatro capítulos nos ha estado compartiendo. Este no es solo un libro que te deja con herramientas para el trabajo de cuidado pastoral desde una perspectiva académica, este es un libro que te lleva del aula a la vida, de la vida a la Palabra y de la Palabra nuevamente a la vida del *documento humano* para poder entrar con este a lo profundo de su corazón y acompañarle en su proceso sanador.

A mi amigo y admirado colega le deseo, que estas páginas le permitan emprender nuevos vuelos, engendrar nuevas esperanzas y posibilidades. Que la palabra que él mismo proclama, el consejo que imparte y la esperanza que inspira se encarnen en sí mismo para dar paso a nuevos y prósperos proyectos dándole un nuevo sentido, futuro y propósito a su vida y ministerio.

Dra. Ivelisse Valentín Vera
Supervisora (SIT) Educación Clínica Pastoral
Directora de Capellanía Universitaria y Facultad de Teología
Universidad Interamericana de PR, Recinto Metropolitano

INTRODUCCIÓN

**Un acercamiento psicoterapéutico
en el cuidado pastoral**

Al remitirnos a la historia de la psicología y la teología no es posible negar la enorme tensión que ha existido en el intento de integrar ambas disciplinas. Si bien la psicología tradicionalmente ha visto la religión con sospecha, de su parte la tradición religiosa más conservadora a visto a la psicología con suspicacia. A principios del Siglo XX teoristas de las ciencias de la conducta luchaban entre sí con argumentos en contra y a favor de la relevancia de la espiritualidad y la religión para la salud mental e integral del ser humano. Paulatinamente algunos de ellos —de los que hablaremos más detalladamente en otros capítulos— reconocieron la importancia de considerar estas dimensiones del ser humano en el proceso terapéutico. En la esfera religiosa, para la misma época, algunas tradiciones históricas como la Iglesia Episcopal Norteamericana transformó "la cura de almas" en lo que modernamente se denomina psicoterapia o consejo pastoral.[1] Es importante reconocer que hace falta discernimiento para lograr comprender cómo es que la teología y la psicología podrían relacionarse y complementarse en beneficio de los individuos. Es por eso que en este libro mostramos algunos modelos básicos que nos permitan acercar elementos de la psicoterapia a nuestros ejercicios tradicionales de cuidado pastoral. De esta manera podríamos atender más efectivamente las necesidades inmediatas de nuestros feligreses, paciente o aconsejados.

Existe una realidad inherente a la vida de todo ser humano, tarde o temprano experimentará algún tipo de crisis, ya sea de desarrollo o circunstancial. Esto presupone que todo agente pastoral se verá en la necesidad de ofrecer cuidado a personas que enfrentan múltiples experiencias y dificultades, perdidas, traumas, crisis y sufrimiento. Las personas suelen recurrir a los psicólogos, consejeros, psiquiatras y psicoterapeutas en momentos en que sufren o enfrentan diversos tipos de crisis, tanto tangibles como intangibles. Otras personas buscan ayuda, asesoramiento y apoyo dentro de un contexto espiritual o religioso. De hecho, los agentes pastorales suelen ser el primer recurso

---

[1] Pablo Polischuk. *El Consejo Terapéutico: Manual para pastores y consejeros.* (España: Editorial Clie, 1994), 29.

consultado por las personas en crisis. No obstante, surgen varias preguntas importantes: **¿Pueden las personas solicitar y encontrar ayuda psicoterapéutica desde la fe cristiana para enfrentar, manejar y superar sus crisis? ¿Cómo podría ser esto posible?**

La mayoría de líderes religiosos (agentes pastorales) tienen escaso adiestramiento para proporcionar terapia de profundidad y extensiva. Usualmente los agentes pastorales ofrecen cuidado y consejería de primer orden.[2] La mayoría de los psicoterapeutas tienen poco adiestramiento o deseo de discutir cuestiones espirituales de profundidad durante las sesiones con los pacientes. Es aquí donde se hace necesario y conveniente sugerir alguna respuesta que puedan atender las inquietudes y necesidades psico-espirituales de los aconsejados o pacientes. Una de las respuestas a esta necesidad se ha encontrado en el método de Cuidado Clínico Pastoral desarrollado por Anton Boisen. Este método requiere un adiestramiento en el contexto clínico hospitalario al cual la mayoría de los agentes pastorales no tienen acceso. Es por esto que el propósito de este libro es presentar una estructura metodológica sencilla (Modelo Pastoral de Integración) que una las destrezas de cuidado pastoral ya existentes y las destrezas básicas del método clínico psicoterapéutico a destrezas bíblico-

---

[2] La primera ayuda psicológica se ocupa tanto del apoyo social como del psicológico. El objetivo principal es lograr, en el menor tiempo posible, que la persona afectada retome el control de sus emociones y participe en su propia recuperación.

teológicas basadas en el acercamiento terapéutico de Jesús, particularmente usando de modelo relatos del evangelio de Lucas.

De acuerdo a la American Association of Pastoral Counselors (AAPC) la asesoría pastoral es una forma de psicoterapia que usa recursos espirituales así como el entendimiento psicológico para la curación y el crecimiento.[3] Esto proveerá al agente pastoral una dimensión más amplia para ofrecer un cuidado que atienda la dimensión psicológica, psíquica y espiritual del individuo, y que promueva su salud integral desde la fe cristiana. Es por esto que este libro va dirigido a los pastores y agentes pastorales que no poseen un amplio adiestramiento clínico y profesional en el campo del cuidado pastoral; con el propósito de ofrecerles algunas herramientas prácticas y una metodología bíblica básica desde la espiritualidad cristiana. De esta manera podrían mejorar sus destrezas de cuidado pastoral en beneficio de la salud integral de sus feligreses y la comunidad.

Debo advertir al lector que no pretendemos que éste sea un libro para profesionales y especialistas. Aquellos que estén aspirando a descubrir un tratado epistemológico[4]

---

[3] Amy, Scholten, MPH. Empower, Improving Health, Changing Lives. *Asesoría pastoral: Integrando la espiritualidad y psicoterapia,* http://www.empowher.com/media/reference/asesoria-pastoral-integrando-la-espiritualidad-y-psicoterapia

[4] Para Ceberio y Watzlawick (1998), "el término epistemología deriva del griego episteme que significa conocimiento, y es una rama de la filosofía que se ocupa de todos los elementos que procuran la

sobre el cuidado clínico pastoral deberán procurar tomar adiestramiento formal y profesional. En cambio, el modelo de psicoterapia pastoral que presentaré en este libro va dirigido a los agentes pastorales en funciones ministeriales, ya que este se deriva de la imagen bíblica del pastor y se refiere a la preocupación solícita expresada dentro de la comunidad religiosa de las personas con problemas o angustias.[5] Es de suma importancia entender que la meta del cuidado pastoral y espiritual depende en gran medida del contexto dónde su brinda el mismo.

La realidad humana es una muy compleja; nada suele ser mas complejo que el ser humano. Si pretendemos ayudar a las personas a enfrentar y superar las diversas situaciones y crisis de sus vidas será necesario comprender y atender al individuo desde una dimensión holística e integradora. Partiendo de este presupuesto debemos reconocer que ninguna filosofía o disciplina puede pretender poseer la hegemonía o el monopolio absoluto para responder a todas y cada una de nuestras necesidades.

Es conocido por la mayoría de las personas que el ser humano ha sido objeto de estudio y de análisis por generaciones tras generaciones. De ahí que las ciencias antropológicas, filosóficas, psicológicas y teológicas, entre

---

adquisición de conocimiento e investiga los fundamentos, límites, métodos y validez del mismo".
(http://www.redalyc.org/pdf/101/10101802.pdf)
 [5] Asquith, Glenn II Jr., Ed. *The Concise Dictionary of Pastoral Care & Counseling* (Nashville: Abingdon Press, 2010) Ubicaciones Kindle 1293 hasta 1318.

otras, le hayan estudiado con marcado interés y preocupación. Todas estas disciplinas han desarrollado un sin número de marcos teóricos para intentar explicar las respuestas y comportamiento del hombre y a la mujer frente y de frente a determinadas experiencias, especialmente aquellas que estremecen y confrontas sus creencias y le ocasionan un sentimiento de profundo dolor y sufrimiento. Mas aún, todas estas disciplinas continúan realizando investigaciones con la intención de alcanzar una mayor comprensión del individuo y de cómo es posible brindarle ayuda para que este pueda enfrentar la vida con mayor conciencia y efectividad. Es precisamente por esta razón que hemos determinado presentar un modelo de cuidado pastoral clínico que pueda ayudar a las personas a lograr identificar sus propios recursos espirituales, sociales y emocionales para enfrentar los retos y desafíos que les impone la vida.

Aun cuando la propuesta que deseo presentar en este libro se delimita a la presentación de un **Modelo Clínico de Cuidado Pastoral Integral** que reconoce e incorpora elementos fundamentales de la psicoterapia tradicional, de la espiritualidad cristiana y de la práctica terapéutica de Jesús. Debe quedar absolutamente claro que aun cuando el marco conceptual de este libro es la psicoterapia, no pretendemos establecer que la psicoterapia pastoral es equivalente en naturaleza y alcance a la definición tradicional que se le adjudica a la psicoterapia clínica. La psicoterapia pastoral a diferencia de la convencional, atiende la necesidad de acudir a la espiritualidad cristiana ya que esta permite responder de alguna manera a las inquietudes trascendentales de los individuos, particularmente de los que acuden a nuestras iglesias; lo que a su vez afirma nuestro entendimiento de la necesidad de abrirnos y de estar en permanente dialogo con otras disciplinas que nos ayuden a ofrecer un cuidado pastoral más abarcador. De esta manera podremos atender a nuestras comunidades de fe de forma mas efectiva, pertinente y dinámica.

Para lograr esto, en el capitulo uno intentaremos responder las pregunta fundamentales de nuestro libro. **¿Pueden las personas solicitar y encontrar ayuda psicoterapéutica desde la fe cristiana para enfrentar, manejar y superar sus crisis? ¿Cómo podría ser esto posible?** Además abordaremos la pregunta de **¿Cuán adiestrados están los agentes pastorales para ofrecer un cuidado clínico pastoral que integre los elementos teológicos y psicológicos?** El otro aspecto que tratamos en este capítulo tiene que ver con nuestra comprensión de lo que significa ofrecer "cuidado clínico pastoral". Desde el mismo intentamos responder a la pregunta, ¿Qué entendemos por cuidado pastoral?

En el segundo capítulo establecemos las diferencias entre espiritualidad y religión, y cómo la espiritualidad correctamente entendida y definida puede ser un elemento terapéutico indispensable en la salud integral de los aconsejados y pacientes. Además exploraremos la integración de la espiritualidad y la psicología de la religión a la psicoterapia en sus diferentes marcos teóricos.

El capítulo tres expone brevemente las diferencias y convergencias entre el método Clínico de Cuidado Emocional y el método de Cuidado Clínico Pastoral desarrollado por el padre de la Educación Clínica Pastoral Anton Boisen. Ambos métodos coinciden en **escuchar**, **procesar**, **diagnosticar** y **responder** como pasos esenciales en el proceso terapéutico. El capítulo además introduce el tema del Avalúo de Necesidades Espirituales como un elemento fundamental en la terapia para que el aconsejado pueda identificar cómo percibe la presencia de Dios en su vida y cómo esto puede ayudarle para la resolución de su crisis.

El libro finaliza con la presentación del Modelo de Cuidado Pastoral de Integración. El mismo se fundamenta en el proyecto de acompañamiento y cuidado de Jesús presentado en el evangelio de Lucas, ejemplarizado con el relato de los Caminantes de Emaús. Hemos identificado en este relato algunos elementos de los métodos, tanto el de Cuidado Clínico Pastoral como el de Cuidado Emocional, a los que hemos integrado la dimensión bíblico-teológica. Este modelo integra elementos de la práctica terapéutica de Jesús a la estructura clínica de psicoterapia con la intensión de ilustrar al agente pastoral cómo convertir el espacio de ministerio de cuidado en una experiencia terapéutica desde la fe del mismo aconsejado.

1

UTILIZANDO ELEMENTOS DE LA PSICOTERAPIA EN EL CUIDADO CLÍNICO PASTORAL

Uno de los mayores retos de todo agente pastoral consiste en responder a las inquietudes de sus aconsejados respecto al sufrimiento y el significado y valor de la existencia humana. Aunque estas preguntas no han encontrado respuestas absolutas a través de la historia, para que el agente pastoral pueda ayudar al individuo a satisfacer sus inquietudes y encontrar respuestas que den sentido a su vida, éste debe conocer al ser humano de manera integradora. Para ello es necesario adoptar una filosofía del individuo más dinámica y holística. Atender a sus aconsejados aplicando solo principios o interpretaciones bíblicas y teológicas podría poner en riesgo la resolución de conflictos e inquietudes de los aconsejados. De aquí la necesidad de ofrecer a los agentes pastorales un sencillo modelo de cuidado clínico pastoral, el cuál ayudará a que éstos puedan integrar los aspectos tanto espirituales como psicológicos a su cuidado pastoral.

Coincidimos con el Dr. Pablo Polischuk, en que "El objetivo del cuidado pastoral, es el de edificar el carácter y promover la actualización de las potencialidades de las personas a las cuales los pastores, maestros, consejeros y líderes son llamados a servir o ministrar. Las funciones ministeriales tratan con varios aspectos del desarrollo global de las personas... También se incluyen los aspectos de la reconciliación de las personas con Dios, con sus semejantes y consigo mismas. Tal reconciliación permite el desarrollo de un sentido de rumbo en la vida y un sentido de cadencia o ritmo en el andar cotidiano. El apacentar incluye el sostén moral, ético y espiritual de las personas, y la salud espiritual y emocional de las mismas."[6]

Una de las dificultades que enfrentan los agentes pastorales es cuando necesitan ofrecer cuidado a personas con problemas relacionados a la dimensión emocional, mental, existencial y psicológica. Es muy importante enfatizar que, aun cuando los agentes pastorales han sido adiestrados y se dedican a ofrecer ayuda y cuidado sobre las necesidades y crisis de fe de sus aconsejados, los

---

[6] Polischuk, 9.

aconsejados acudirán solicitando que éstos les ayuden a enfrentar y superar todo tipo de crisis existencial y material. Por supuesto, no todo agente pastoral posee los conocimientos ni tiene el adiestramiento profesional y clínico para ofrecer todo tipo de ayuda. No, obstante los agentes pastorales necesitan poseer algún conocimiento básico de la conducta humana de manera que puedan ofrecer asistencia y hacer los referidos correspondientes a otros profesionales competentes en el campo de la psicoterapia y la conducta humana.

Algunos individuos recurren a los psicólogos, psiquiatras y consejeros en busca de ayuda para enfrentarse con las crisis y transiciones de la vida. No obstante, la mayoría de las personas recurren, en primer lugar, a sus agentes pastorales en búsqueda de cuidado y consejería.[7] Es muy importante señalar que las personas que acuden a sus agentes pastorales no lo hacen exclusivamente con la intención de tratar temas religiosos o teológicos; éstos también asumen que su agente pastoral puede ayudarles a manejar inquietudes psicológicas y existenciales que afectan e impactan su vida cotidiana. **No obstante, el agente pastoral necesita ayudar al aconsejado a identificar cuánto impactan sus creencias religiosas y en qué medida determinan su estado físico, emocional y psicológico.**

---

[7] Slaikeu, Karl A. *Intervención en Crisis: Manuela para práctica e investigación*. (México: Manual Moderno, 2000), 223.

Pero, ¿puede la persona encontrar ayuda espiritual, emocional y psicológica en los agentes pastorales? La realidad es que la mayoría de los agentes pastorales tienen poco adiestramiento para proporcionar terapia de profundidad y extensiva. Por otra parte, la mayoría de los psicoterapeutas tienen poco adiestramiento o aspiración de discutir inquietudes espirituales durante las consultas con los pacientes. Reconociendo la necesidad de aquellos que se acercan a nosotros para que atendamos sus inquietudes psico-espirituales, proponemos el cuidado clínico pastoral; modelo que utiliza elementos de la psicoterapia en sus acercamientos. Aunque el tema del cuidado clínico pastoral y la psicoterapia pastoral no es nuevo, nuestra intención es explicarlo y presentar un modelo que tome elementos de la práctica terapéutica (sanadora) de Jesús como propuesta para el cuidador en el desempeño de su función ministerial.

En los últimos años se han multiplicado el número de investigaciones que estudian aspectos que buscan la relación entre la salud psíquica, la religiosidad y la espiritualidad. Diversos autores, entre los que podemos nombrar a Viktor Frankl y Carl Gustav Jung, han señalado que la religiosidad y la espiritualidad pueden aportar elementos beneficiosos, para los pacientes, dentro del ámbito de una psicoterapia.[8]

Una importante pregunta en la que el agente

---

[8] 12º Congreso Virtual de Psiquiatría. Interpsiquis 2011 www.interpsiquis.com - Febrero-Marzo 2011 Psiquiatria.com

pastoral necesitará profundizar es: ¿Es la espiritualidad del aconsejado fuente de salud emocional y mental o de patología? Anton Boisen afirmaba que muchas de las condiciones de salud mental no son médicas sino espirituales, y que se requiere tratarlas desde la espiritualidad.[9]

Acercando la psicoterapia al cuidado clínico pastoral

La columna vertebral de nuestro libro consiste de una propuesta que integre el modelo terapéutico de Jesús y la espiritualidad con elementos de la psicoterapia, para logra dar una respuesta práctica, útil y consistente a la pregunta central expuesta en la introducción de nuestro libro. **¿Pueden las personas solicitar y encontrar ayuda psicoterapéutica desde la fe cristiana para enfrentar, manejar y superar sus crisis al momento?** La respuesta a nuestra pregunta pretende ser discutida en el contexto de la práctica pastoral, pero tomando en consideración lo que entendemos como psicoterapia pastoral.

Para propósitos de este libro, la definición de psicoterapia pastoral que utilizaremos toma algunos elementos de la definición ofrecida por Howard Clinebell en su libro *Asesoramiento y Cuidado Pastoral*: "proceso de ayuda a largo plazo que tiene como objetivo efectuar

---

[9] Anton T. Boisen, *Out of the Depths* (New York, NY: Harper and Brothers, 1960), 113.

cambios fundamentales en la personalidad del asesorado."[10] "Los pastores que utilizan métodos psicoterapéuticos tienen como meta capacitar a las personas para cambiar aspectos fundamentales de su personalidad y su modo de comportamiento para hacerlos más constructivos y creativos. La singularidad de la psicoterapia pastoral es que considera los cambios en la vida espiritual en los valores, en los significados, en los compromisos últimos, como centrales y esenciales a la profundidad de las transformaciones, que son la meta de toda psicoterapia."[11]

Es importante definir psicoterapia y su relación con la tradición cristiana; de esta manera podemos facilitar al agente pastoral la comprensión del modelo que proponemos y su relevancia para el ministerio de cuidado. De acuerdo a Caroll A. Wise, así como Clinebell y otros ministros adiestrados en el campo de la psicoterapia, "la palabra 'psicoterapia' tiene raíces profundas en la tradición bíblica. En el Nuevo Testamento, la palabra griega *psyche,* que a veces se traduce 'alma', en verdad significa 'la persona viva como una realidad y unidad total', y no una dimensión espiritual que se distingue de los aspectos físico y mental de las personas. 'Terapia' proviene del griego *therapeuo,* que en el Nuevo Testamento significa 'servir y también sanar' (como en el mandato de Jesús de 'sanar a

---

[10] Howard Clinebell. *Asesoramiento y Cuidado Pastoral.* (Michigan: Libros Desafío, 1995), 380.
[11] Ibid.

los enfermos' en Mt 10:8 y Lc 10:9)."[12]

Desde el lente de las ciencias de la conducta existen diversas definiciones de lo que es psicoterapia, que están basadas en el modelo terapéutico adoptado por el profesional. Estos modelos en general comprenden cuatro principales categorías: cognitivo conductual, psicodinámica, humanista e integrativa. Por otro lado, Jerónimo Frank nos ofrece un excelente punto de partida para una definición integradora: "la psicoterapia es una interacción planificada, cargada de emoción y confianza entre un sanador socialmente reconocido y una persona que sufre... A menudo la psicoterapia incluye también ayudar al paciente a aceptar y soportar el sufrimiento como aspecto inevitable de la vida que puede ser utilizado como una oportunidad de crecimiento personal."[13] Desde la práctica clínica se entiende por psicoterapia un acercamiento dirigido a mitigar el sufrimiento humano por medio de recursos psicológicos.[14] Isabel Caro Gabalda, en su libro *Hacia una práctica eficaz de las Psicoterapias Cognitivas: Modelos y Técnicas Principales,* nos plantea que "la psicoterapia puede definirse desde distintos ejes (objetivos, procedimientos, profesionales implicados, tipo de

---

[12] Carroll A. Wise. *Pastoral Psychotherapy: Theory and Practice.* (USA: Jason Aronson, 1987), 3-4, 6.

[13] Chris L. Kleinke. *Principios comunes en psicoterapia.* (Bilbao: Desclée de Brower, 2002), 21.

[14] Para una referencia más amplia sobre los antecedents históricos y fundamentos de la psicoterapia, puede consultar:
http://www.psiquiatria.com/psiq_general_y_otras_areas/historia/fundamentos-de-psicoterapia-breve-resena-historica-de-sus-distintos-enfoques-teoricos-y-clinicos/.

relaciones, etc.), y que cualquier definición de psicoterapia va a tener como elementos comunes: La intervención de un terapeuta con el propósito de aliviar o curar determinados trastornos de la persona, de base emocional y mediante procesos psicológicos."[15]

De acuerdo al Diccionario Conciso de Psicología de la APA (2010), la psicoterapia es prestada por un profesional capacitado que a través de su interacción con el cliente "evalúa, diagnostica y trata las reacciones emocionales, las formas de pensamiento y los patrones de comportamiento disfuncionales de un individuo." [16] Como parte de las tareas del psicoterapeuta se encuentra el ayudar a los clientes a "aprender nuevas estrategias de afrontamiento y formas de contemplar y comprender su problema."[17]

Con ayuda de Kleinke podemos enumerar como algunas metas significativas de la psicoterapia: "(1) ayudar a los clientes a superar la desmoralización y ganar esperanza, (2) afianzar la sensación de dominio y autosuficiencia de los clientes, (3) animar a los clientes a enfrentarse a sus ansiedades en lugar de evitarlas, (4) ayudar a los clientes a darse cuenta de sus ideas erróneas, (5) enseñar a los clientes a aceptar las realidades de la

---

[15] Isabel Caro Gabalda. *Hacia una práctica eficaz de las Psicoterapias Cognitivas: Modelos y Técnicas Principales*. (Bilbao: Desclée de Brower, 2011), 19.
[16] APA Diccionario conciso de Psicología. (México: Manual Moderno, 2010).
[17] Kleinke. 234.

vida"[18] y (6) ayudar a los clientes a desarrollar la capacidad de adentrarse en su ser interior para tomar conciencia de sus sentimientos y acciones.

Muchos especialistas en el campo de la psicoterapia enfatizan como característica esencial del terapista la destreza de establecer una relación de confianza, apertura y apoyo con su cliente. Esta característica es un elemento en común entre el agente pastoral y el psicoterapeuta profesional, ya que ambos dan apoyo, comprensión, aceptación, aprecio, esperanza y ayuda a sus aconsejados.

Tanto el origen etimológico del término "psicoterapia", las diferentes definiciones que se le da al mismo, sus metas y estrategias así como las características esenciales del terapista, nos muestran la pertinencia de la psicoterapia como un acercamiento efectivo para el cuidado pastoral. Es así como se ha llevado a la práctica la integración de esta disciplina con los acercamientos de cuidado y consejería pastoral, de manera que se pueda beneficiar al individuo que se acerca al agente pastoral. De esta manera el aconsejado podría beneficiarse de una experiencia terapéutica integral, significativa y trascendente.

El Pastor como cuidador de almas

Debido a que nuestra propuesta psicoterapéutica será abordada desde el contexto de la espiritualidad cristiana y desde la función del pastor/a, existe una

---

[18] Ibid., 74.

pregunta profundamente significativa la cual deseo presentar: ¿Qué significa ser un "pastor" en nuestra sociedad contemporánea? La respuesta a nuestra pregunta es sustantiva, ya que de la respuesta dependerá en gran medida la discusión y el análisis de nuestro libro.

En primer lugar convendría definir y describir qué es un pastor y en qué consiste su tarea. Para tales efectos acudiremos al campo de la teología pastoral; no obstante, es importante señalar que la teología pastoral ha venido evolucionando con el paso de los años y abarca un campo muy amplio de la labor práctica de los agentes pastorales, el pastor y de la iglesia. El fraile benedictino F. S. Rautenstrauch (1734-1785), en su *Proyecto para una mejor ordenación de las escuelas teológicas,* define la teología pastoral como "la enseñanza sistemática de los deberes del ministerio pastoral", sobre el presupuesto de la "cura de almas". Según Rautenstrauch, los tres deberes de los pastores son: la enseñanza, la administración de los sacramentos y la edificación de los fieles a través del cuidado pastoral. [19] Es importante entender que la teología pastoral es una rama de la teología práctica; esencialmente una ciencia práctica. En forma resumida, para algunos la Teología Pastoral es la parte de la Teología que estudia el desempeño de la función de cura de almas por parte de un agente pastoral.

---

[19] Evolución del concepto "teologia pastoral", *Congregation for the Clergy, Vaticano,* accesado el 3 de octubre del 2015, www.clerus.org/clerus/dati/2005-03/22-13/Tpasto.htm. (Accesado el 3 de octubre del 2015).

¿Qué entendemos por cuidado pastoral?

El entendimiento cristiano del cuidado pastoral generalmente se fundamenta en la imagen que las Escrituras nos refieren de Jesús como Pastor, y de cómo este desempeño pastoral tiene como parte de sus funciones primarias cuidar de las personas con problemas y sufrimientos. Tan temprano como en el siglo sexto, el Papa Gregorio Magno estableció una guía para el cuidado de las almas en su Libro de Regla Pastoral. Gregorio consideraba el **"cuidado de las almas el arte de las artes."** A través de los siglos, el cuidado de las almas enfatizado por Gregorio se deterioró hasta llegar a la gran crisis de indulgencias que motivó a Martín Lutero, en el siglo XVI, a comenzar el proceso de reforma. A partir de este momento tanto Lutero como Calvino centraron su práctica de cuidado pastoral en la calidez y la preocupación por los afligidos; sin embargo, no hay evidencia de que hayan escrito algún tratado sobre el tema.[20]

De acuerdo a Pedro Sanjaime, en su libro *Trasfondo histórico de la consejería pastoral,* algunos representantes del movimiento pietista[21] contribuyeron significativamente a la consejería pastoral "especialmente, en el estudio del alma

---

[20] Asquith, Glenn H. Jr. *The Concise Dictionary of Pastoral Care and Counseling.* (Nashville: Abingdon Press, 2010), Kindle 1354-1418.

[21] El movimiento Pietista enfatizaba la experiencia de fe personal sobre el formalizmo y la doctrina que primaba en la Iglesia Luterana del Siglo 17.

y sus patologías... Destaca su análisis integral la observación naturalista del comportamiento humano, y las fuerzas que mueven la dimensión espiritual. Su énfasis en las disciplinas espirituales como medio de terapia para la formación espiritual y la sanidad del alma. Escribieron diferentes tratados sobre "la cura de alma". Algunos de sus más notable escritores fueron: Martin Bucer (1551), Jacob Spener (1705), August Hermann Francke (1727), John Frederick Oberlin (1826) y finalmente el gigante Jonathan Edwards entre muchos otros."[22]

Desde el 1950, en la cultura religiosa norteamericana, el Cuidado Pastoral, de acuerdo a Howard Clinebell, se define como la práctica que "utiliza las ideas y principios de la espiritualidad, la religión, la teología y ciencias del comportamiento moderno en el trabajo con individuos, parejas, familias, grupos e instituciones hacia el logro del bienestar integral y la salud. Una dimensión importante en la consejería pastoral, diferente de otros enfoques de la consejería y la psicoterapia, es la convicción de que la salud mental y emocional se entiende mejor cuando se abordan las necesidades espirituales, religiosas y sicológicas de los individuos."[23]

---

[22] Sanjaime, Pedro. "Trasfondo Histórico de la Consejería Pastoral." *Edificación Cristiana,* marzo/abril, (2012). http://asociacionbernabe.com/publicaciones/wp-content/uploads/2015/02/Trasfondo-hist%C3%83%C2%B3rico-de-la-Consejer%C3%83%C2%ADa-Pastoral-Pedro-Sanjaime.pdf. (Accesado el 7 de octubre de 2015.)

[23] What is Pastoral Counseling?.

El énfasis de esta definición se centra en la práctica de la consejería aunque incorporando elementos teológicos y religiosos a la misma. Sin embargo, Cuidado Pastoral es mucho más que aconsejar o acompañar; es ayudar a que el individuo identifique y explore lo que es más significativo en su vida y logre enfrentar, manejar y superar el dolor y el sufrimiento, haciendo uso de sus recursos personales desde su propia experiencia de fe. El elemento de preocupación inherente en el ser humano sobre la trascendencia y la dimensión intangible del ser sólo se puede atender a través de un cuidado que incluya la experiencia del hombre y la mujer con lo Sagrado. En relación a esta dimensión de la trascendencia y la experiencia con lo Sagrado en la salud emocional del individuo, Carl Jung decía: "No ha habido (un solo paciente) cuyo problema más profundo no tuviera que ver con su actitud religiosa... y ninguno se ha curado realmente sin recobrar la actitud religiosa que le era propia... y no depende en absoluto de adhesión alguna a credo determinado, ni de la pertenencia a tal o cual iglesia. Sino de la necesidad de integrar la propia dimensión espiritual".[24] Partiendo de este entendimiento de Jung, podríamos decir que pueden existir diversas formas de brindar cuidado pastoral para ayudar al individuo a integrar su dimensión espiritual en favor de lograr su salud integral.

Para Carrie Doehring, el cuidado pastoral en el

---

http://www.theclinebellinstitute.org/aboutus_wpc.htm (accesado el 13 de septiembre de 2015.

[24] Leonardo Boff. *Espiritualidad*. (España: Sal Terrae, 1992), 82-83.

contexto norteamericano "toma la forma de *intervención en crisis* como respuesta a una pérdida súbita o una experiencia de violencia".[25] Además Doehring amplia las etapas del cuidado pastoral a una segunda y tercera fase. La segunda fase del cuidado se define como una de *cuidado pastoral de apoyo*. Una vez superada la fase inicial de la crisis, el cuidado pastoral se torna más bien en un cuidado de apoyo que ayuda al individuo a manejar efectivamente los efectos a largo plazo dejados por la crisis. El tercer tipo de cuidado pastoral es identificado *cuidado pastoral de apoyo continuo*. Este tipo de apoyo ayuda a las personas a manejar los eventos que alteran su estilo de vida, en muchos casos permanentemente, y que han pasado de ser eventos traumáticos circunstanciales para ser realidades permanentes en la vida del ser humano. Ejemplo de éstos son los casos de personas con enfermedades crónicas, cuidadores de familiares con alguna discapacidad, cuidado pastoral a envejecientes, ya sea para superar sus múltiples pérdidas o para ayudarles a superar el sufrimiento ocasionado por los elementos sociales que afectan su estabilidad económica y lo que esto podría representar para el cuidado de su salud a largo plazo. De esto extraemos que el agente pastoral se encuentra en una ejecución constante de cuidado aunque en diferentes etapas.

---

[25] Carrie Doehring. *The Practice of Pastoral Care, Revised and expanded edition*. (Kentucky: John Knox Press, 2015), Kindle 389.

La designación de este cuidado en sus diferentes fases, usualmente se consigna a aquellos ministros o líderes religiosos reconocidos. Sin embargo, en muchas instancias es proporcionada por otros representantes de la comunidad religiosa que reflejan los valores y principios del grupo; para propósitos de este libro, éstos son identificados como "agentes pastorales". Estos deben estar consientes que la compasión juega un papel vital en el proceso de la atención pastoral. Solicitantes de cuidado a menudo traen relatos de dolor; entrar en el misterio del dolor del otro requiere compasión. "La compasión, que requiere las capacidades de la inteligencia y la empatía emocional, implica la disciplina de ser capaz de entregarse a y ser movido por las experiencias y las necesidades emocionales del otro."[26]

Desde la perspectiva de este libro, las necesidades emocionales están intrínsecamente ligadas a la espiritualidad del ser humano, dado que la espiritualidad compone todas las dimensiones del ser, más allá de la dimensión religiosa. En el próximo capítulo mostraremos a fondo la conexión entre la espiritualidad y la psicoterapia para hacer más relevante y efectivo el cuidado pastoral.

---

[26] LaMothe. Broken and Empty: Pastoral Leadership as Embodying Radical Courage, Humility, Compassion, and Hope, *Pastoral Psychology*, August 2012, Volume 61, Issue 4, p. 461.

EL CUIDADO EN LA PALABRA

2
LA ESPIRITUALIDAD EN EL DESARROLLO INTEGRAL DEL SER HUMANO

Por Ivelisse Valentín Vera, D.Min.

En este capítulo intentaremos presentar, de manera panorámica, algunas definiciones de espiritualidad, y mencionaremos algunas de las escuelas de psicología que integran y reconocen la centralidad de la espiritualidad en los procesos de consejería y psicoterapia. Para efectos de facilitar la presentación de las mismas, mencionaremos algunos de sus principales criterios, con la finalidad de valorar la utilidad de la dimensión de la espiritualidad en el desarrollo integral del ser humano. Desde una visión contemporánea, la espiritualidad es una dimensión inseparable de la salud integral del individuo. Sin embargo, por siglos la espiritualidad ha estado subyugada a la religión. No ha sido hasta la integración de la sociología, la antropología y especialmente la psicología en el estudio de la religión que se ha podido liberar la espiritualidad de esta relación subyugante. Una de las aportaciones más significativas de la psicología de la religión ha consistido en romper con el secuestro de la espiritualidad en manos de la religión institucionalizada; lo que a su vez ha facilitado la nueva comprensión de la espiritualidad para poder integrarla efectivamente a los acercamientos terapéuticos.

Los principios del cristianismo arrastraron consigo el pensamiento griego de la dualidad del cuerpo y el espíritu, o sea, lo divino y lo humano, desde el Apóstol Pablo y la teología Agustiniana. Señala, el historiador y teólogo protestante, Justo González que de esto "ha resultado que, para mucha gente, adentrarse por los caminos de la espiritualidad es tanto como renunciar a una porción esencial de sí mismo... Renunciar, por tanto, a lo que es realmente irrenunciable".[27] Continua diciendo González que se debe corregir la interpretación tradicional de rechazar el "espíritu del mundo". Con esta interpretación arcaica de la espiritualidad se comete el error de pensar que rechazar el "espíritu del mundo" es rechazar la materia o echar a un lado las preocupaciones concernientes a las cosas materiales.[28] José María Castillo resume lo que

---

[27] José María Castillo, *Espiritualidad para Insatisfechos*. (España: Editorial Trotta, 2007), 17.
[28] Justo González. *Mañana: Christian Theology from a Hispanic Perspective*. (Nashville: Abingdon Press, 1990), Kindle location 2987.

podríamos mencionar aquí como el consenso en el pensamiento teológico contemporáneo sobre la espiritualidad:

> "la espiritualidad abarca la vida entera de la persona. No solo su espíritu, sino también su cuerpo, no solo su individualidad sino también sus relaciones sociales y públicas... Todo eso entra dentro de lo que entendemos por una vida guiada por el Espíritu. Se supera así el viejo dualismo entre alma y cuerpo, espíritu y materia, espiritualidad y animalidad".[29]

Es imperativo traer la definición de espiritualidad desde la perspectiva médica utilizada en el diagnóstico espiritual en un entorno de cuidado pastoral clínico y cómo ésta se diferencia de la religiosidad. De esta manera podemos ayudar a nuestros lectores a clarificar las diferencias entre ambos conceptos:

"ESPIRITUALIDAD puede definirse como una parte compleja y multidimensional de la experiencia humana que incluye nuestro sistema interno de creencias y ayuda al individuo a buscar el significado y el propósito de la vida, los ayuda a experimentar la esperanza, el amor, la paz

---

[29] Castillo, 2007, 20.

interior, consuelo y apoyo."[30]

"RELIGIÓN se refiere al sistema de creencias al cual un individuo se adhiere. La manifestación exterior de ese sistema de creencias incluye diferentes rituales y prácticas inherentes a cada fe".[31]

Un acercamiento integral a la espiritualidad en el siglo XXI nos plantea que ésta *"no se limita a la preocupación por la vida interior, sino que busca una integración de todos los aspectos de la vida y la experiencia humana".*[32]

Integrando la espiritualidad y la religión a la experiencia curativa de la dimensión emocional del individuo, el psicoanalista Carl Jung decía:

"No ha habido (un solo paciente) cuyo problema más profundo no tuviera que ver con su actitud religiosa... y ninguno se ha curado realmente sin recobrar la actitud religiosa que le era propia... y no depende en absoluto de adhesión alguna a credo determinado, ni de la pertenencia a tal o cual iglesia. Sino de la necesidad de integrar la propia dimensión espiritual".[33]

---

[30] K. Larso. *The Importance of Spiritual assessment: One Clinician's journey.* (Geriatric Nursing. 24(6). (2003), 370-371.
[31] G. Anandarajah Hight E. *Spirituality and Medical Practice: Using the HOPE questions as a practical tool for spiritual assessment.* American Family Physician. 63(1). (2001), 81-88.
[32] Lawrence Cunningham. *Espiritualidad Cristiana:Temas de la Tradición.* (España: Sal Terrae), 29.
[33] Leonardo Boff. *Espiritualidad: Un camino de Transformación.* (España: Sal Terrae, 2002), 82-83.

Años más tarde el Dr. Harold Koening realizó un estudio en la universidad de Duke, cuyos resultados se encuentran detallados en su libro *Healing Connections*, donde muestra las consecuencias positivas de prácticas religiosas saludables como manifestaciones colectivas de la espiritualidad del individuo, y cómo éstas mejoran, en la mayoría de los pacientes su capacidad curativa y preventiva de enfermedades, como por ejemplo las cardiacas o los trastornos emocionales de ansiedad y depresión. De esta manera llegamos a comprender la importancia de la psicología de la religión, y la contribución que ésta ha hecho para que se atienda la dimensión espiritual y religiosa del individuo como parte de sus procesos terapéuticos. Según lo definen los autores del libro *The Psychology of Religion*, la labor de los psicólogos de la religión es "comprender las múltiples maneras en las que la fe de las personas opera en su mundo particular."[34]

La espiritualidad en el entorno de la psicoterapia pastoral y en el Cuidado Clínico Pastoral es una disciplina que integra la salud física, emocional, mental y espiritual del paciente, así como la salud de sus relaciones (consigo mismo, consigo misma, con Dios, con el otro y la otra y con la creación) y su entorno social, pero, sobre todo, cómo identificar su entendimiento de Dios en medio de su sufrimiento para que pueda ayudarle en su proceso de

---

[34] Ralph W. Hood Jr., Peter C. Hill and Bernard Spilka. *The Psyhcology of Religion: An Empirical Approach. Fourth Edition.* (London: The Guildford Press, 2009), 3.

sanidad. En nuestro cuidado pastoral debemos tener en consideración que es imperativo para el agente pastoral brindar cuidado desde la fe del propio paciente. Nuestra primera evaluación debe estar orientada a determinar si éste cuenta con los recursos para entrar en un proceso de reflexión de sus teologías—cuál es su entendimiento de Dios y cómo percibe a Dios en medio de la crisis y el sufrimiento humano. De ahí en adelante hemos de trabajar desde esa realidad del individuo para acompañarle en su proceso. Es probable que en el camino terapéutico encontremos que el bien último del individuo está más allá de lo que usted y yo podamos pensar con relación a la curación física o a determinada resolución para su situación. Probablemente, la salud integral de éste, está en su entendimiento de Dios y de su relación con el Ser Supremo y no necesariamente en la curación física. Es la propia persona en sufrimiento la que dicta el camino; es el propio paciente el que nos dice cuál será su estado de salud y sanidad última ideal. A veces ese camino no es el que usted y yo preferimos, pero es el camino que sana y restaura el ser humano en todas sus dimensiones. Como decíamos al principio, es el camino de la espiritualidad que le permite encontrar *"el significado y el propósito de la vida, los ayuda a experimentar la esperanza, el amor, la paz interior, (a obtener) consuelo y apoyo"* en medio de su sufrimiento y de su realidad humana.

Integrando la Espiritualidad

Hemos podido ver cómo una visión sana de la espiritualidad no puede desasociarse de la vida humana en sus dimensiones físicas y materiales, pero tampoco cómo una vida sana puede separarse de la dimensión espiritual del todo que comprende el ser humano. Atender cada dimensión del ser por separado pone en riesgo el desarrollo integral del individuo hacia el camino de plenitud que Dios desea para nosotros (Jn 10:10).

En aras de esa integración saludable es importante exponer algunas de las razones que hemos podido identificar para esto. El psicólogo Juan A. González-Rivera expone en su libro, *Espiritualidad en la Clínica: Integrando la Espiritualidad en la Psicoterapia y la Consejería,* varios puntos de vista al respecto tomados de diferentes fuentes expertas en el tema. De acuerdo a ellos esta integración nos permite: (1) obtener una visión más amplia del mundo del aconsejado para poder ayudarlo mejor, (2) determinar si su tradición religiosa es una saludable o no y el impacto que esta puede estar teniendo en la situación que éste presenta, (3) determinar con qué recursos espirituales y religiosos cuenta y si éstos pueden ser de ayuda. Además, éstos entienden que las preocupaciones espirituales son temas recurrentes en la mayoría de los pacientes que tienen alguna afiliación o experiencia religiosa. Otra razón expuesta es que, el individuo que está pasando por situaciones de crisis, a través de este tipo de acercamiento puede beneficiarse del apoyo de Dios en su propia experiencia personal y a través del apoyo de su grupo religioso, si lo tiene.

Aunque todavía existen psicólogos y terapistas que consideran las creencias espirituales y religiosas como "neurosis", la psicología positiva ha traído un nuevo paradigma al campo de la psicoterapia a través de un sinnúmero de estudios y data empírica que relaciona la espiritualidad y las experiencias religiosas sanas con el bienestar, crecimiento y calidad de vida del individuo.[35] Es importante reconocer qué experiencias de fe tóxica siguen siendo motores de trastornos mentales a los que debemos estar pendientes para poder dar un diagnóstico y tratamiento adecuado al paciente. No todas las manifestaciones religiosas redundan en beneficio del paciente, sobre todo si éstas no están guiadas por personas bien capacitadas para ejercer su función ministerial y profesional.

"La espiritualidad provee apoyo en tiempos de crisis, reorientando a las personas hacia lo que es importante en su vida... la psicoterapia debe ser un espacio sagrado donde el cliente pueda abrirse con total libertad y pueda encontrar un terapeuta que le entienda y le ayude a potenciar su espiritualidad y alcanzar niveles altos de

---

[35] Para ampliar este tema pueden consultar a Stephen Arterburn y Jack Felton, *Toxic Faith*. (Colorado: Waterbook Press, 2001).

bienestar."[36] Ante este reconocimiento, diversas escuelas de psicología han incluido varios acercamientos para tratar asuntos espirituales y religiosos como parte del tratamiento emocional hacia el paciente. Desde el 1862 y los orígenes de la psicología de la religión, teóricos como Sigmund Freud, Carl Jung, Alfred Adler, Erik H. Erikson, Erich Fromm, Abraham Maslow y Victor Frankl, entre otros, hicieron grandes aportaciones a este tema. Aunque algunos, como Freud, consideraban la religión como una patología o expresión de neurosis, su contraparte Jung estaba profundamente interesado en lo espiritual y en el mundo religioso de sus pacientes. Jung entendía que el impulso religioso—como una manifestación de patrones universales de la espiritualidad humana— en muchos casos era necesario para el proceso de curación. Como Jung, Victor Frankl (el padre de la logoterapia) no reducía la religión a una neurosis como planteaba Freud. Para él la religión estaba asociada a la búsqueda intrínseca del ser humano por el sentido de la vida. Frankl toma una ruta diferente de estos dos teóricos y plantea la religión como un componente antropológico del ser humano y no psicológico, pero absolutamente necesario para el individuo en su búsqueda de sentido. Según Frankl, "El hombre [Sic] vive tres dimensiones: la somática, la mental y la espiritual. La dimensión espiritual no puede ser ignorada, porque es lo que nos hace humanos. La meta de la psicoterapia es sanar

---

[36] Juan A González-Rivera. *Espiritualidad en la Clínica: Integrando la Espiritualidad en la Psicoterapia y la Consejería*. (Puerto Rico: Ediciones Psicoespiritualidad, 2015), 27.

el alma para hacerla saludable."[37]

Fromm, por su parte, hace una distinción entre las religiones como autoritarias o humanistas y explica que éstas, respectivamente, niegan la identidad individual del ser humano ante un dios omnipotente, mientras que las otras promueven la visión de un dios que se hace visible en la identidad de la persona. Así Fromm concluye que la gente busca en la religión una "defensa contra los sentimientos de impotencia y soledad ante el mundo real."[38]

Como un resumen de los puntos más sobresalientes en las diferentes visiones de los teóricos de psicología de la religión, podemos resumir que Freud veía la religión como una patología enfermiza que se expresa mediante conductas obsesivas. Jung a su vez veía la religión como una necesidad y función fundamental del ser humano en su búsqueda de trascendencia, mientras que Frankl pensaba que más bien era en la búsqueda del sentido de la vida. Sin embargo Adler, desde una visión también positiva de la religión, pensaba que la misma se generaba desde la búsqueda de poder como cualquier otra iniciativa humana de interés social.

Según los autores Zeiger y Lewis (1988), citados por González-Rivera, estos describen dos tipos de acercamiento que la psicología ha utilizado para tratar asuntos espirituales

---

[37] Ibid., 38.
[38] Ibid., 37.

y religiosos: el acercamiento **explicativo** y el acercamiento **descriptivo**. El acercamiento descriptivo representado por Freud y Skinner, entre otros, desconfía de la integración de la psicología y la religión, y continúa en el presente considerando no factible la integración de la psicoterapia y la espiritualidad. Por otra parte, está el acercamiento **descriptivo** representado entre otros por James, Jung, Allport y Frankl. Se enfoca en los beneficios que la religión brinda a los individuos y cómo las creencias de los individuos hacen factible el desarrollo y el crecimiento personal. Desde el acercamiento **descriptivo,** la espiritualidad y la religión son consideradas recursos potenciales para la psicoterapia.[39]

Aunque podríamos continuar la lista de teóricos y sus impresiones sobre la religión, la espiritualidad y su importancia para la salud y la realización plena del individuo, entendemos que los que hemos presentado hasta el momento nos proveen de una visión general, que nos permite validar la importancia de la integración de la dimensión espiritual y la psicoterapia como recurso para el acompañamiento y cuidado pastoral que se da desde la experiencia religiosa cristiana. Todos estos marcos teóricos antes mencionados nacieron dentro de la experiencia clínica. Desde esta misma experiencia Harold Koening, de quien ya hemos hablado, hace una síntesis de la relación de la espiritualidad y la salud incorporando muchos de los

---

[39] Ibid., 34-35.

conceptos anteriores en cuatro modelos. El modelo de espiritualidad *tradicional,* según Koening, conecta la espiritualidad de las personas con su participación religiosa. Los modelos modernos, que se dividen en tres, son los siguientes: *moderno, tautológico* y *clínico.* El modelo *moderno* expande el concepto tradicional de espiritualidad a personas no practicantes de una religión hasta totalmente seculares. El modelo *tautológico,* para Koening, expande la definición de espiritualidad de la búsqueda o conexión con lo sagrado a elementos como los expuestos por Jung, Frankl y Adler: búsqueda de propósito, significado, sentido, armonía, bienestar social y conexión con los demás. Finalmente, el modelo de espiritualidad *clínica* identificado por Koening, incluye todos los elementos anteriores, pero añade el pensamiento agnóstico, el secularismo y el ateísmo como manifestaciones de la espiritualidad. Según este modelo, todas las personas son seres espirituales que habrán de definir su entendimiento y manera de vivir la misma, lo que constituye una oportunidad para impactar desde ésta la salud física y emocional del paciente.[40]

Como hemos visto en estos últimos modelos de espiritualidad, con el paso de los años se ha caminado extensamente para ampliar la visión de una espiritualidad finita, relacionada únicamente con la experiencia religiosa

---

[40] Harold G. Koening. *Religion, Spirituality and Health: Research and Clinical Applications.* 2008. PDF. Accedido: 20 de diciembre de 2015.
(http://www.nacsw.org/Publications/Proceedings2008/KoeningHReligios.pdf)

institucional tradicional y conducirla al modelo amplio de integración de todos los aspectos del ser con la experiencia de lo Sagrado. Conforme a esto nos queda clara la pertinencia que tiene para el agente pastoral ampliar su conocimiento sobre la espiritualidad y la psicoterapia, y cómo la unión de éstas a los componentes bíblicos y teológicos, puede impactar positivamente la vida de sus feligreses y aconsejados.

3
MODELOS CLÍNICOS DE TERAPIA Y CUIDADO

Hasta este momento hemos visto el cuidado pastoral, desde una perspectiva conservadora, como la integración de las disciplinas de teología, Biblia y ética cristiana para dar acompañamiento y consejo a individuos y comunidades de fe cristiana. Sin embargo, desde la disciplina del Cuidado Pastoral Clínico en la que, además de los elementos antes mencionados, se integran elementos de las ciencias de la conducta a la práctica ministerial algunos autores hacen la distinción entre el Cuidado Pastoral y el Cuidado Espiritual.

Cuidado Pastoral: el cuidado que proviene y se presta en y desde la tradición cristiana por parte del pastor o agentes pastorales designados para velar por el bienestar de la comunidad de fe. Este cuidado se da en una relación dialéctica entre las necesidades del individuo, las normas, principios y valores de la comunidad de fe, representadas por el pastor o agente pastoral.

Cuidado Espiritual: Intervenciones individuales o comunales que facilitan la habilidad de expresar la integración del cuerpo, la mente, y el espíritu para alcanzar plenitud, salud, y un sentido de conexión con el ser, otros y el poder superior.[41]

Método Clínico de Cuidado Emocional

El método de cuidado pastoral clínico que estaremos presentando nace de una integración del cuidado pastoral y espiritual originado desde la fe cristiana con el método clínico de *cuidado emocional*[42] originado desde las ciencias de la conducta humana. Una de las características de este método ha sido la ampliación del marco de cuidado pastoral.

El método clínico psicológico tiene sus orígenes en el método científico desarrollado por la escuela Hipocrática para diagnosticar las enfermedades de los pacientes y con ello proceder a un tratamiento efectivo.[43]

---

[41] Rabbi Stephen B. Roberts. *Professional Spiritual & Pastoral Care: A Practical Clergy and Chaplains Handbook.* (Vermont: Skylight Path Publishing, 2013), 24.
[42] Para más detalles ver: Roberts, 2013, 25.
[43] Cruz Hernández, Jeddú. Biblioteca Virtual en Salud de Cuba. *Importancia del Método Clínico.*

Posteriormente, este método fue adoptado por el psicoanálisis y otras escuelas teóricas como el conductismo, humanismo y sistémica.

Una definición generalmente aceptada de estos métodos la encontramos en el manual de apoyo didáctico *Procedimiento y Proceso del Método Clínico*, compilado por *Lidia Díaz Sanjuán* para la Universidad Autónoma de México:

"La psicología clínica retiene de la medicina el contacto con el paciente y la función de la observación pero no de forma subjetiva como hace la medicina, o sea no se trata de subjetivar la situación sino mas bien de replantear los elementos observados en la historia del paciente en su particularidad."

"Si el método es un modo de realizar una actividad con orden y siguiendo ciertos principios, y lo clínico es la inclinación al conocimiento de una individualidad (es decir, se sostiene que existen enfermos y no enfermedades). Entonces el método clínico se puede definir como **el conjunto de procedimientos, ordenados sistemáticamente, que se aplican en forma intensiva y exhaustiva para llegar al conocimiento y**

---

http://bvs.sld.cu/revistas/spu/vol38_3_12/spu09312.htm

descripción del ser humano."[44]

Para efectos de los lectores que no estén familiarizados con el método clínico, proponemos exponer de manera sucinta el proceso, reconociendo que dependiendo del autor o del marco teórico que este utilice pueden darse variaciones de orden, cantidad o carácter de los pasos a seguir. Hemos seleccionado un modelo general de procedimiento y proceso clínico que contiene los siguientes pasos: *observación, indagación, abstracción (interpretación) y diagnóstico (integración).*

Observación: Es de vital importancia seguir este primer paso y establecer el proceso de observación de forma sistemática recalcando en el conocimiento de la persona. De esta manera se podrá observar partiendo del conocimiento previo y la observación sensorial general, a lo particular. La observación debe considerar tanto el elemento consciente como el inconsciente en la persona.

Para llevar a cabo el proceso de observación en el método clínico es necesario utilizar la técnica de **entrevista**, la cual evalúa la conducta del individuo durante la misma y la **autobiografía**, de la cual se extraen los datos personales del paciente. Al realizar la observación, el psicólogo prestará atención a todo lo antes mencionado para poder hacer una descripción detallada de la persona.

---

[44] Lidia Diaz Sanjuan. Textos de Apoyo Didáctico. *Procedimiento y proceso del Método Clinico.* (México: Facultad de Psicología, 2011). PDF

De acuerdo a Diaz Sanjuan, en el manual de Textos de Apoyo Didáctico *La Observación* algunas de las condiciones de la observación en el método clínico desde una perspectiva científica son, la **atención, sensación, percepción y reflexión.** "El investigador usando sus sentidos: la vista, la audición, el olfato, el tacto y el gusto; realiza observaciones y acumula hechos que le ayudan tanto a la identificación de un problema como a su posterior resolución."[45]

Es esencial observar al individuo fundamentándose sobre quien es él (o ella), lo que trae consigo, y lo que comunica, tanto de forma verbal como no verbal. En la observación de "quién es el" el terapista debe considerar el estado mental del paciente. Si este identifica alguna anomalía debe canalizarlo apropiadamente de acuerdo a los recursos disponibles. Al observar "lo que trae consigo", el consejero o psicólogo estará pendiente de las influencias sociales en el sujeto y cómo estás influyen en su comportamiento. Finalmente, en la dimensión de "la comunicación" (que luego será primordial en el método propuesto de cuidado pastoral) se busca identificar los verdaderos sentimientos que impactan la vida del paciente y su situación. Estos pueden ser comunicados, tanto de forma verbal como no verbal. El debe mostrar su suspicacia u ojo clínico para poder percibir los sentimientos reales que muchas veces están escondidos detrás de lo aparente.

---

[45] Lidia Diaz Sanjuan. Textos de Apoyo Didáctico. *La Observación*. (México: Facultad de Psicología, 2011). PDF. 16.

Una vez el agente pastoral ha realizado la observación siguiendo los pasos sugeridos, estará listo para dar paso a "la indagación" de manera efectiva.

Indagación: Este es el segundo paso del método clínico; cuyo objetivo es explorar y conocer el motivo de la consulta por medio de la entrevista. En este se expone el motivo de la consulta del paciente para llegar al origen de su padecimiento y las circunstancias que lo rodean.[46] Este proceso se da a través de la formulación de preguntas abiertas como instrumento de indagación. Cada pregunta se complementa con la disciplina de **escuchar atenta y asertivamente**. Esto permitirá crear un ambiente de confianza y seguridad en la relación terapéutica. Este ambiente de hospitalidad "crea la atmósfera para el dialogo y establece la posibilidad de "escuchar sin juzgar" para llegar a entender, como habla Carl Rogers."[47]

La pregunta abierta permite al entrevistado explorar a profundidad el origen, circunstancia y sentimientos relacionados a su padecimiento. A través de estas el entrevistador puede identificar los valores y creencias del sujeto. Para lograr esto el psicólogo o terapista debe minimizar la realización de preguntas que puedan contestarse únicamente con un si o un no; a estas le

---

[46] Diaz Sanjuan. *Textos de Apoyo Didáctico*. 14.
[47] Leah Dawn Bueckert and Daniel S. Schipani, Eds. *You welcomed me: Interfaith spiritual care in the hospital*. (Ontario: Pandora Press, 2010), 19. Citado de Carl R. Rogers, *Client Centered Therapy* (Boston: Houghton Mifflin Company, 1965), 45.

llamamos preguntas cerradas. De otra parte el clínico se valdrá de diferentes instrumentos y técnicas psicológicas a utilizar, como podrían ser algunas pruebas psicométricas y proyectivas, con la finalidad de obtener datos que le permitan comprender la problemática del paciente y poder establecer un diagnóstico adecuado.

Abstracción (interpretación): Una vez realizada la entrevista y aplicados los instrumentos psicológicos de evaluación, ya el clínico dispone de la data a ser interpretada. Este proceso de interpretación es lo que llamamos la fase de "abstracción".

Patrick Nolan en su libro "Therapist and Client: A Relational Approach to Psychotherapy" nos dice que durante esta fase él mira "las preocupaciones del cliente, sus necesidades y sus circunstancias actuales, y (evalúa) cómo funcionan en su vida y cómo conectan con su pasado."[48] Además, durante esta etapa se evalúa la ventana de tolerancia del paciente y su receptividad para una vez diagnosticado poder aplicar la terapia adecuada.

Diagnóstico: De acuerdo a Nolan, "El diagnóstico generalmente se ha utilizado en la psicología para categorizar y clasificar el comportamiento problemático o trastorno del cliente. La entrevista de diagnóstico intenta

---

[48] Patrick Nolan. *Therapist and Client : A Relational Approach to Psychotherapy.* (Somerset, NJ, USA: John Wiley & Sons, 2012), 165. ProQuest ebrary. Web. 9 November 2015.

llegar a 'cierta determinación razonable de la naturaleza de la enfermedad y su etiología y de la planificación de un método de tratamiento' (Reber, 1995)."[49] No obstante, el diagnóstico psicológico no debe reducirse a una cifra o código absoluto que se pueda extraer del DSM V[50], sino que es el producto de la interpretación de la información extraída de la entrevista y que a su vez se revisa en un proceso constante de relación terapéutica con el paciente. Este diagnóstico debe conducir a un plan de tratamiento que tome en consideración la receptividad del paciente para alcanzar la resolución de su conflicto.

A modo de síntesis, podríamos decir que el método clínico se utiliza con mayor frecuencia en el ambiente de la psicología clínica. Este método busca extraer información que revele la fuente del sufrimiento del paciente. A través de esta metodología el psicólogo se centra en las situaciones concretas de los individuos experimentando sufrimiento. A diferencia de la metodología practicada por psiquiatras y neurólogos, entre otros, este pretende guiar al individuo a la comprensión del problema o fuente de sufrimiento y a encontrar en sí mismo los recursos y capacidades que le permitan resolver el conflicto.

---

[49] Ibid. 164.
[50] Diagnostics and Statistical Manual of Mental Disorders

Método de Cuidado Pastoral Clínico

Más allá del método clínico, cuyo objetivo principal es descubrir y tratar la fuente del sufrimiento, *el método pastoral clínico tiene como objetivo principal identificar y manejar los sentimientos generados por la forma de interpretar los eventos significativos en la vida del ser humano*. Para ello será de fundamental importancia que los agentes pastorales sean capaces de realizar una buena evaluación (*assessment*) de las necesidades espirituales de sus pacientes.

Podemos describir el *Cuidado Clínico Pastoral como un medio de ayuda al paciente centrado en su entendimiento de Dios en medio de su sufrimiento, para que este pueda encontrar o dar significado a su situación, enfermedad o aflicción; y que pueda procesar sus sentimientos de manera que la experiencia resulte terapéutica*.

En el Cuidado Clínico Pastoral la integración de la teodicea o teología del origen del mal, como fuente del sufrimiento, se convierte en un elemento esencial para el cuidado del individuo. La tradición teológica más conservadora conecta el sufrimiento con el mal y la intervención del pecado en la vida y acciones del ser humano, ya sean voluntarias, involuntarias o infligidas por una tercera persona. De acuerdo a W. T. Conner, citado por

James Leo Garrett, en su libro Teología Sistemática, Tomo I, "no hay en parte alguna de la Biblia enseñanza clara de que todo sufrimiento, muerte animal, y todo mal natural sea la consecuencia del pecado del hombre [Sic]. Aunque algunos lo han inferido del texto contenido en Génesis 3:16-19 junto con Romanos 8:19-22 y 2 Pedro 3:13."[51]

Aunque la tradición teológica nos plantea una visión que todavía está vigente y que podemos resumir en las palabras del mismo Conner que, "ciertos males específicos resultan de la inmoralidad y del pecado", y por ende redundan en sufrimiento;[52] teólogos modernos y especialistas de la conducta nos arrojan data a la luz de nuestro entendimiento contemporáneo. El teólogo Francois Varone quien ha trabajado el tema del sufrimiento desde la presunción teológica tradicional de un Dios sádico que inflige sufrimiento al ser humano con el objetivo de acercarle a él, nos propone "que el sufrimiento humano es la consecuencia normal de la fragilidad física y moral de la humanidad y del mundo. El sentido de tal o cual sufrimiento es, pues, puramente inmanente al acontecimiento y a sus causas concretas, en principio reconocibles."[53] Aun así, también como Conner, Varone no descarta o contradice el hecho de que el sufrimiento es también consecuencia de la maldad, violencia e injusticia

---

[51] James Leo Garrett. *Teología Sistemática: Tomo I*. (US: Editorial Mundo Hispano, 2003), 352.
[52] Ibid.
[53] Francoise Varone. *El Dios Sádico: ¿Ama Dios el sufrimiento?* Santander: Sal Teerae. 1988.

del ser humano.

Sin embargo, más allá de explicar el origen o motivo del sufrimiento nos inclinamos hacia las propuestas que, desde una óptica cristiana, pretenden ayudar al individuo a manejar su sufrimiento encontrando a Dios en medio del mismo. El biblista José Antonio Pagola, tanto como Varone, recalca que el sufrimiento en sí mismo no es bueno, pero aun así "desde el interior del sufrimiento, desde mi fe, desde mi comunión con Jesús, (podamos lograr) vivir algo enormemente positivo."[54] Afirmando esa misma tesis Miguel Ángel Monge en su libro *La Salud Mental y sus Cuidados*, expone que "el sufrimiento es una experiencia mala en la que se puede vivir algo positivo."[55]

Es importante establecer que no existe una visión absoluta sobre el origen y propósito del mal y el sufrimiento. De acuerdo a H. H. Farmer la fe cristiana, más que proveer una explicación filosófica de estos, pretende que el individuo por medio de Cristo, tenga comunión con el Dios viviente en medio de sus sufrimientos.[56] Estos entendimientos teológicos sobre el mal y el sufrimiento han recibido las influencias de las ciencias del comportamiento, de la antropología y de la propia experiencia durante la Segunda Guerra Mundial en la

---

[54] José Antonio Pagola. *¿Un Dios Sádico? La expiación vicaria*. 2012. PDF.
[55] Javier Cabanyes y Miguel Ángel Monge. *La Salud Mental y sus Cuidados*. (España: Ediciones Universidad de Navarra, 2010), 144.
[56] Ibid. 358.

persona de teólogos como Karl Rahner, Karl Barth, Dietrich Bonhoeffer y Jurgen Moltmann entre otros. De Moltmann y su propuesta del Dios que sufre adoptamos la visión de que, aunque Dios está presente en el mundo, nos encontramos con la presencia de Dios primeramente en el sufrimiento humano.[57]

Partiendo del entendimiento teológico del mal y el sufrimiento como consecuencia del pecado, para principios del siglo XIX terapistas del psicoanálisis como Carl Jung relacionaron las enfermedades mentales con la experiencia religiosa. Concurrentemente el pastor y capellán Anton T. Boisen, quien es considerado el padre de la Educación Clínica Pastoral afirmaba que las enfermedades mentales eran causadas por una distorsión teológica. En su libro *Out of the Depth* Boisen decía: "muchas formas de locura son mayormente problemas de carácter religioso y no de carácter médico y en tanto esto no se reconozca, dichas enfermedades mentales no pueden ser tratadas con éxito."[58]

Desde este presupuesto Boisen desarrolla el estudio de casos que dará paso a lo que prospectivamente se llamó la Educación Clínica Pastoral[59]; especialidad que integra a la práctica pastoral tradicional conocimientos del

---

[57] L. Miller and Standley J. Grenz. *Fortress Introduction to Contemporary Theologies*. (Minneapolis: Fortress, 1998), 114.
[58] Boisen, 1960, 113.
[59] Para una referencia más amplia de la historia de la Educación Clínica Pastoral puede consultar a GlennH. Asquith, Jr. Ed. *The Concise Dictionary of Pastoral Care and Counseling*. (Nashville: Abingdon Press, 2010), Kindle Location 1809.

campo de la teología, psicología, consejería, antropología, y ética. El énfasis de este modelo está en la visión de Boisen de complementar los estudios académicos de la teología y la conducta con lo que el llamó la lectura del *"documento humano", es decir,* nosotros mismos y nuestros semejantes en diferentes crisis de la vida. La reflexión formal sobre estas experiencias críticas nos dan la oportunidad de pensar teológicamente y aplicar las teorías de las ciencias sociales con la finalidad de desarrollar habilidades pastorales que nos permitan ser más efectivos en el cuidado. "El ambiente de CPE, es una forma experiencial de educación, y su modelo "acción-reflexión -acción" trata con, como decía su padre fundador Anton Boisen, los "documentos humanos vivientes."[60]

Aunque Boisen nunca dejó por escrito un método de intervención estructurado, de sus estudios de caso se desprende una metodología que sigue el modelo de intervención clínica como antes descrito en este capítulo, el cual consta de la **observación, indagación, abstracción y diagnóstico.** Aun cuando Boisen importa estos pasos del método clínico, su mayor contribución al cuidado y la psicoterapia pastoral es el haber implementado el mismo integrando el lente teológico, ¿dónde está Dios en medio de nuestro sufrimiento?

---

[60] Bueckert and Schipani, Eds., 151. Citado de Anton Boisen's essay, Clinical training in the theological education: The period of beginnings." *Chicago Theological Seminary Register* (1953).

Conforme a los estudios de casos documentados por Boisen, se puede desprender el siguiente esquema:

I. OBSERVACIÓN (Método Clínico)
    a. Pasos en el esquema de estudios de caso de Boisen
        i. Orientación Preliminar: descripción del paciente (aconsejado) y la información conocida

II. INDAGACIÓN (Método Clínico)
    a. Pasos en el esquema de estudios de caso de Boisen
        i. Historia Social y religiosa: familia, iglesia y entorno
        ii. Historial Personal: etapas de desarrollo
        iii. Historia de Enfermedades (o de situaciones de crisis o trauma)

III. ABSTRACCIÓN (Método Clínico)
    a. Pasos en el esquema de estudios de caso de Boisen
        i. Características de la condición
        ii. Impresión Diagnóstica

IV. DIAGNÓSTICO[61] (Método Clínico)
   a. Pasos en el esquema de estudios de caso de Boisen
      i. Anticipación de resultados
      ii. Plan de Tratamiento

Otra manera de interpretar el cuidado pastoral clínico heredado de Boisen y sus colegas está contenida en el escrito de Gary R. Ahlskog, Ph.D., relacionado a la psicoterapia pastoral. En este artículo Ahlskog sintetiza el método con los siguientes pasos: **escuchar**, **procesar**, **diagnosticar** y **responder**. Estos pasos son ejecutados aplicando tres marcos conceptuales de interpretación e intervención en el momento de abordar las necesidades y sufrimientos del aconsejado: marco teológico, marco psicológico y marco ético.[62]

Cuando nos referimos al marco teológico, lo que

---

[61] El método clínico consta de una etapa de diagnóstico por parte del personal clínico licenciado; sin embargo en el método de cuidado pastoral clínico el diagnóstico se limita a la dimensión espiritual del paciente. Debemos estar conscientes de que aunque un diagnóstico espiritual pueda utilizar categorías y lenguajes adoptados de la psicología y la psiquiatría lo que se busca no es emitir una opinión clínica de la salud mental o emocional del paciente sino un avalúo del equilibrio espiritual de persona aconsejada.

[62] Gary R. Ahlskog, Ph.D. The *Paradox of Pastoral Psychotherapy*. Journal of Pastoral Care and Counseling. (December 1987) 41:311-318. Sage Journals. PDF

pretende el modelo de cuidado clínico pastoral es acercarse a la persona y su situación desde el lente de la fe. En el capítulo que dedicamos al tema de la espiritualidad en el entorno clínico atendemos de manera más puntual este aspecto del cuidado clínico pastoral. Por otro lado, este modelo también utiliza el marco de la psicología y sus múltiples enfoques teóricos. En sus inicios, el modelo de cuidado clínico pastoral utilizó el psicoanálisis, el conductismo y el humanismo como sus paradigmas para abordar el proceso terapéutico. Con el desarrollo de las ciencias de la conducta se han ido incorporando otros marcos teóricos de acuerdo a la necesidad del aconsejado y de las destrezas y preferencias del terapista. Evidentemente el agente pastoral determinara cuál o cuáles serán las teorías psicológicas que utilizará en sus intervenciones.

En relación al marco Ético de orientación, este aborda el esquema de valores que ha construido el individuo a partir de la influencia social y sus normas de conducta. De esta evaluación ética podemos extraer cómo esta dimensión impacta sus conceptos, creencias y constructos religiosos y afecta la experiencia cognitiva, emocional y conductual del aconsejado. Desde el marco humanista desarrollado por Carl Rogers utilizamos la *gratificación incondicional positiva*[63] (unconditional positive reward) como un

---

[63] Actitud del terapeuta de total respeto y de aceptación de las vivencias y sentimientos del paciente. Tal aceptación no supone estar de acuerdo o dar un beneplácito, sino entender que aquello que expresa el paciente forma parte de su experiencia. (http://www.cun.es/diccionario-medico/terminos/consideracion-positiva-incondicional)

elemento terapéutico. En esta teoría, que parte de lo que se conoce como la *Psicología Humanista,* Rogers ve en el ser humano una inclinación natural hacia un proceso de auto-actualización (self-actualizing process) que lo lleva a alcanzar su potencial. Esta inclinación hacia la realización se activa en la presencia de la *gratificación incondicional positiva* que proviene de otro ser humano.[64]

Analizando los estudios de caso de Boisen debemos añadir a estos marcos de orientación el marco sociológico. En este marco será necesario hacer una evaluación de cómo las fuerzas sociales y relacionales del aconsejado le impactan. Estos cuatro marcos de referencia de alguna manera guían el proceso de cuidado sugerido para los agentes pastorales.

Otro elemento fundamental en el método desarrollado por Boisen se encuentra en el componente de lo que podríamos llamar el auto-cuidado en el agente pastoral. Esta dimensión que usualmente se atiende a través de los adiestramientos (unidades) de Educación Clínica Pastoral (CPE) ayuda al cuidador o cuidadora a desarrollar una consciencia de sí mismo que le permita evaluar el impacto que sus propias experiencias de vida tienen en él y las personas a quienes ministra. Además, le ayuda a

---

[64] Mark W. Baker. *Jesus the Greatest Therapist who ever lived.* (New York: Harper One. 2007) 42-43. (En el capítulo 4 hablaremos más sobre el método clínico de Rogers. Para comprender mejor el método clínico de Rogers puede consultar a Jesús Rodríguez *Relaciones Pastorales con el Personal en el Hospital*).

capitalizar su propia herencia religiosa y sus conocimientos teológicos en beneficio de su cuidado pastoral. Último pero no menos importante, esta dimensión de auto-ayuda puede prevenir la traumatización vicaria (síndrome de stress secundario). De acuerdo al Dr. Alex Forty citando a McCann & Pearlman (1990), la traumatizacion vicaria se podría definir como "la transmisión de estrés traumático a través de la observación, el escuchar a otros/as como por ejemplo historias traumáticas de eventos en el que resultan cambios en distorsiones que ocurren al/la ayudador/a en términos perceptuales y en su sistema de significados. Es decir, una transformación de la experiencia del/la terapista como resultado de su involucración empática con el material traumático del/la cliente. McCann & Pearlman (1989), también lo describen como la acumulación de las memorias traumáticas del/la cliente que es afectado/a por la perspectiva del mundo del/la cliente." [65]

Avalúo de necesidades espirituales

Tradicionalmente el cuidado pastoral que se da en el contexto de iglesia local no ha contado con el elemento de avalúo de necesidades espirituales, con la excepción de agentes pastorales adiestrados en el campo clínico. Este proceso es de suma importancia para poder desarrollar un

---

[65] Alex Forty. *Manual de Capacitación y Prevención del Síndrome de Fatiga por compasión para profesionales de la salud mental en Puerto Rico*. Tesis Doctoral. 2012, p.13.

plan de tratamiento adecuado que atienda asertivamente las necesidades de nuestros aconsejados.

De acuerdo a George Fitchett avalúo y diagnóstico muchas veces son utilizados como términos intercambiables;[66] no obstante, para propósitos de este libro citaremos a D. W. Donovan, refiriéndose al avalúo espiritual como "la evaluación del grado en el cual el equilibrio emocional y espiritual del paciente ha sido perturbado por un evento particular y así determinar qué intervenciones pueden ser apropiadas para ayudar al cliente a restaurar ese equilibrio y cuándo esas intervenciones pueden ser empleadas."[67]

Ampliando este concepto es necesario especificar que, para determinar el plan de tratamiento que se ha de dar al paciente basado en este avalúo o diagnóstico, es importante identificar a través del método clínico pastoral los sentimientos más significativos en el aconsejado, así como el impacto de estos en su relación o entendimiento de Dios. Ampliando este concepto sobre avalúo, Jesús Rodríguez en su libro *Relaciones Pastorales con el Personal en el Hospital* nos brinda una definición de diagnóstico, de acuerdo a Paul Pruyser, que nos parece más iluminadora a la hora de integrar el proceso en nuestro cuidado: "diagnóstico

---

[66] George Fitchett. *Assessing Spiritual Needs: A Guide for Caregivers*. (Ohio: Academic Renewal Press, 2002), 16.
[67] D. W. Donovan. *Assessments*.Essay from: Rabbi Stephen B. Roberts, Ed. *Professional Spiritual & Pastoral Care: A Practical Clergy and Chaplain's Handbook*. (Vermont: Skylight Paths, 2011), 44.

pastoral es el arte de descifrar, examinar, comprender, explorar y descubrir junto al paciente, las preocupaciones, las perspectivas, los eventos históricos de la persona y los presentes episodios de su vida a la luz de su experiencia religiosa."[68]

Además según Koening "Las necesidades y creencias del aconsejado son la guía de la evaluación"[69]. El método debe también procurar identificar dónde está Dios en la vida del paciente, cuáles son sus recursos de fe para enfrentar su crisis y cómo este ve e interpreta la intervención de Dios en medio de su sufrimiento. "La razón por la cual esa persona está con nosotros, es porque quiere una interpretación de su situación a la luz de una respuesta teológica."[70]

Algunas preguntas guías que podemos aplicar de forma práctica para ayudarnos a lograr esto pueden ser:

¿Cuáles son tus sentimientos acerca de... (esta situación de crisis)?

¿Cómo entiendes tu situación a la luz de tu fe?

¿Qué le ayudaría a sentirse mejor?

¿Qué le trae mayor alegría y satisfacción en la vida?

---

[68] Jesús Rodríguez. *Relaciones Pastorales con el Personal en el Hospital.* 147.
[69] Harold G. Koening, MD. *Spirituality in Patient Care: Why, How, When and What.* (Philadelphia: Templeton, 2013), 157.
[70] Rodríguez, 147.

¿Cómo usted piensa que su vida pueda cambiar como resultado de esta experiencia?

¿Cómo percibes a Dios en medio de tu situación?

¿Cómo percibes el cuidado de Dios?

¿Cómo te sostiene tu fe espiritualmente en esta situación?

¿Cómo tu fe le da sentido a tu vida?

¿Qué haces para entrar en dialogo con Dios?

La entrevista con el paciente nos dará la información necesaria para hacer las preguntas adecuadas. El agente pastoral debe estar alerta para encontrar las palabras claves dentro de la conversación, de manera que pueda llegar al interior del individuo y de su sufrimiento mayor. De esta forma podrá hacer un avalúo adecuado de su necesidad espiritual primordial para establecer un plan de tratamiento prospectivo. Es importante que, a la luz de las respuestas que nos brinda el aconsejado, el agente pastoral no entre en un proceso de apologética, o defensa de Dios y de la fe desde su propia doctrina. Recordemos siempre que la experiencia de Dios y cómo Dios impacta la vida del ser humano es una subjetiva y que se acomoda a la realidad de cada cual.

Aunque no desde la fe, sino de las ciencias de la conducta, ya Rogers nos había anticipado la efectividad de una terapia centrada en el propio paciente que "no intentaba cambiar los individuos sino crear las condiciones necesarias favorables como para que la persona misma pueda asumir la responsabilidad de juzgar y evaluar por cuenta propia el curso de vida más adecuado para sí."[71] El agente pastoral que utiliza el modelo de Cuidado Clínico Pastoral ayuda al paciente o su aconsejado a reflexionar sobre Dios y sobre su fe desde sí mismo y sus propias creencias y valores. Además le ayuda a integrar esa reflexión a un análisis de la situación que le impacta y cómo puede identificar en sí mismo y en su medio ambiente sus propios recursos para enfrentarla y superarla.

---

[71] Rodríguez, 78.

4
EL MODELO DE CUIDADO PASTORAL INTEGRAL

Aunque este libro no propone ningún modelo de integración entre la Psicología y la Teología, es importante dejar saber que, entre los estudiosos de la materia, se han desarrollado diversos modelos de integración entre los que se encuentran: el modelo disminuyente de las diferencias, el paralelo, el corporativo y el modelo reconstructor. Más aún, existen diversos paradigmas integradores de acuerdo a Clement y Warren: el conceptual-teórico, la investigación empírica, la práctica profesional y la intrapersonal.[72]

La psicología pastoral cree que es muy útil y

---

[72] Para información detallada sobre estos modelos puede referirse a Pablo Polischuk. *El Consejo Terapéutico: Manual para pastores y consejeros.* (España: Editorial Clie, 1994), 37.

conveniente el conocimiento del ser humano desde la perspectiva psicológica, para el inicio del proceso curativo y psicoterapéutico del aconsejado. Es sumamente importante señalar que no se debe sobrevalorar ninguno de los acercamientos, tanto el psicológico como el bíblico-teológico, en detrimento de ninguno de los dos. Mas bien se debe evaluar cuál es la necesidad apremiante en el asesorado o paciente, y cuál de estas dimensiones necesitan mayor atención sin descuidar la otra. Por eso, de manera enfática, podemos decir que todo consejero, asesor o psicoterapeuta cristiano, necesita tener un amplio conocimiento del ser humano tanto desde la perspectiva teológica, como desde la perspectiva psicológica, aunque reconocemos que no todos los agentes pastorales cuentan con preparación académica extensa en el área de la psicología y psicoterapia.

Luego de este breve preámbulo de lo que son algunos de los modelos de integración formalmente conocidos, damos paso en este capítulo al modelo que deseamos proponer. El mismo no necesariamente se conforma a ninguno de los mencionados anteriormente, porque parte del modelo de Cuidado Clínico Pastoral que ya ha integrado la Psicología y la Teología en el cuidado terapéutico del individuo. Nuestro modelo lo que propone es utilizar el acercamiento terapéutico de Jesús como parte de nuestro programa de cuidado pastoral clínico.

El Evangelio Terapéutico

El evangelio de Lucas posee un marcado énfasis en la gestión terapéutica y sanadora de Jesucristo. El evangelista lucano destaca la dimensión curativa y nos presenta la imagen de Jesús como un pastor que determina ir detrás de las ovejas perdidas con la finalidad de curar al que está herido (Lc. 4:18). Lo que esto significa, de manera puntual en este evangelio, es que el cuidado y acompañamiento terapéutico ofrecido a las personas en crisis y o en sufrimiento es misión ineludible de todo agente pastoral que aspire a adoptar el modelo terapéutico de la persona de Jesús destacado por Lucas.

En la literatura lucana se presenta a Jesús como alguien que ejerce un ministerio de cuidado pastoral a través del servicio y solidaridad en favor de aquellas individuos que se sienten sin esperanza, discriminados y rechazados por algunas personas y sectores de la sociedad. Aquí se presenta a Jesús ofreciendo su acompañamiento desde una plataforma de igualdad, justicia, misericordia, dignidad y amor.

Denominamos a Lucas como el evangelio terapéutico, considerando que un asunto teológico enfatizado por el autor del evangelio es el tema de la "salvación". No obstante, es importante reconocer los diferentes alcances del término en Lucas. El uso del término salvación en los evangelios en su idioma original, no solo evoca el concepto en relación a un futuro escatológico relacionado a la trascendencia humana después de la muerte, sino que aborda nuestra realidad de bienestar temporal; el aquí y ahora en cuanto a salud, justicia y libertad. Para poder comprender los principios teológicos sobre la salvación debemos explorar el término desde su etimología y en su contexto bíblico y cultural, definiendo tanto los verbos hebreos como los griegos y sus usos. Con poca frecuencia se lee en el Antiguo Testamento sobre la salvación con respecto a la liberación divina del pecado. La liberación de Yahveh está siempre relacionada a la justicia y al amor y está condicionada a la confianza humana.[73]

En el Nuevo Testamento el uso del término griego para salvación puede interpretarse desde diferentes contextos: los sinópticos, la literatura joanina, la paulina y la apocalíptica. El verbo griego *sozein* se traduce por "salvar" o "curar"; *soteria:* "salvación"; *soterion:* "seguridad". Los evangelios sinópticos, Marcos, Mateo y Lucas lo relacionan con la "sanidad física" antes que con "salvar", y enfatizan en la fe en Jesús y su relación inseparable con la misma. Sin embargo, las interpretaciones teológicas del texto bíblico durante la reforma, se inclinaron hacia la visión Agustiniana

---

[73] Los verbos en hebreo y sus usos a través del Antiguo Testamento son: *Yasa:* poner en libertad, dar victoria o salvar. El contexto de la misma es "liberación del cautiverio entre enemigos"; *Nasal:* sacar o extraer; *Palat:* escapar, liberar de los enemigo o personas malignas; *Malat:* liberación del remanente de Babilonia, de la debilidad y la muerte; *Sezab:* utilizado en libro de Daniel para referirse a "poner en libertad".

que favorecía el concepto joanino y apocalíptico de salvación como un evento escatológico más que en un evento temporal. La búsqueda de la salvación desde la teología Agustiniana nos enajena del otro y la otra, nos empuja dentro de los conceptos filosóficos helenistas del dualismo del cuerpo y el alma, y nos aleja de la experiencia de salvación bíblica en la que Dios se revela al hombre y la mujer como una respuesta a su sufrimiento terrenal, y en esa realidad le salva de las consecuencias del pecado, la opresión, la esclavitud y la enfermedad.

Es por eso que en este modelo de cuidado pastoral favorecemos la interpretación Lucana de salvación como medio de salud, sanidad y liberación en el aquí y ahora que repercutirá en una experiencia con Dios con finalidad salvadora escatológica. Es importante señalar que el Jesús de los sinópticos hace un acercamiento misericordioso al ser humano que atiende el pecado de manera terapéutica y no condenadora. "Respondiendo Jesús, les dijo: Los que están sanos no tienen necesidad de médico, sino los enfermos" (Lc 5:31). De este concepto nos amplia Pagola: "Jesús nunca pensó en los milagros como una forma de suprimir el sufrimiento en el mundo, sino como signo para indicar la dirección en la que hemos de actuar para abrir caminos al reino de Dios... Esta terapia que lleva a cabo Jesús está revelando la Buena Noticia de que Dios es amigo de la vida."[74]

En Lucas Jesús tiene cuidado de las personas en sus enfermedades y necesidades físicas, emocionales y mentales tanto como en las espirituales (Lc 7:1–10). Jesús tiene cuidado de aquellos que enfrentan el sufrimiento que genera la muerte de un ser querido (Lc 7:11–17). Jesús tiene cuidado de las personas cuando las circunstancias son muy ambiguas y la duda intenta enseñorearse del ellos (Lc 7:18–35). Jesús tiene cuidado de aquellos que sienten que su pecado los abruma, humilla y deshumaniza (Lc 7:36–50).

Desde el inicio del evangelio podemos observar la propuesta esperanzadora camino a la alegría que nos presenta el evangelista. Desde el primer capítulo, como nos dice Pagola, el evangelio de Lucas se presenta como el "evangelio de la alegría"[75]. Sin embargo, esta alegría no es un sentimiento enajenante o embriagador, sino una alegría que nace de la presencia de Dios en medio de una experiencia compleja y en muchos casos frustrante o de no aparente solución. La alegría en Lucas es el resultado obtenido luego del encuentro y el acompañamiento de Dios por medio de Jesús a través de la experiencia terapéutica.

En este proceso terapéutico la misericordia divina es un elemento fundamental para comprender las

---

[74] José Antonio Pagola. *Recuperar el Proyecto de Jesús*. (Buenos Aires: PPC Editorial, 2012), 144-145.
[75] José Antonio Pagola. *El Camino Abierto por Jesús: Lucas*. (Buenos Aires: PPC Editorial, 2012), 9.

motivaciones del cuidado pastoral que realiza la divinidad cristiana comprometida con la calidad de vida de todas las personas excluidas y marginadas.[76] Es con este lente hermenéutico que abordaremos el tema del cuidado pastoral que proponemos en el libro, reconociendo que el mismo no pretende agotar bajo ninguna medida otros modelos. Intentaremos considerar algunos pasajes contenidos en el evangelio lucano para fundamentar bíblicamente nuestro modelo. Con está finalidad examinaremos una variedad de intervenciones "terapéuticas" de Jesús en el evangelio, aún cuando daremos particular atención a los versos 13 al 35 del capítulo 24 conocidos como "Los caminantes de Emaús".

Luego de esta mirada panorámica al evangelio de Lucas como encuentro terapéutico de Jesús con el ser humano, proponemos la siguiente pregunta guía: *¿Qué importancia tiene el acompañamiento terapéutico y el cuidado espiritual para los individuos en crisis, en el contexto de las tareas pastorales?*[77]

---

[76] Franklin Pimentel Torres. *Ministerios, diakonía y solidaridad en la literatura lucana*. Ribla 59. Quito: CLAI. 2008. 30.

[77] La importancia de este acompañamiento terapéutico es llevar a las personas a una resolución de su crisis, encaminándoles hacía la alegría propuesta por el evangelio de Lucas, que se da en el encuentro con Dios como respuesta a nuestros sufrimientos.

Camino a Emaús:
Sentimientos comunes identificables en la crisis

La identificación de sentimientos es fundamental a la hora de intervenir con personas en situaciones de crisis. Es importante recordar y enfatizar que, como señala James y Friedman, "sufrir una pena está relacionada con el corazón y no con el cerebro".[78] Usualmente las personas intentan reducir y aliviar el dolor emocional causado por el sufrimiento utilizando métodos intelectuales solamente; no obstante, esta manera de enfrentar y superar el sufrimiento podría ser ineficaz, ya que la mente no es la herramienta más adecuada cuando se trata de emociones. Los agentes pastorales deben estar consientes que la causa de la pérdida es intelectual, pero la reacción de las personas ante la pérdida y la crisis es emocional. De manera que se debe evitar intentar intelectualizar solamente los sentimientos y las emociones. El dolor en el momento de la crisis es emocional y de aquí la gran importancia de atender la dimensión emocional de las personas en crisis.

En el relato de los caminantes de Emaús podemos identificar una serie de sentimientos comunes en tiempos de crisis. La tristeza era parte del coctel de sentimientos más evidentes entre los caminantes (v.17b). Esta fue tan

---

[78] John W. James, Rusell Friedman, *Superando Pérdidas Emocionales*, (USA: Library of Congress Cataloging-in-Publication Data ,2000), 5

marcada en los caminantes que no fueron capaces de percibir la presencia del Señor aun cuando éste les acompañaba. Usualmente, la tristeza no permite a las personas reconocer y ver la crisis como una oportunidad de crecimiento para la vida. De primera intención los caminantes estaban incapacitados de percibir la presencia del Señor resucitado. No obstante, Jesús no se ofendió por el hecho de que no le reconocieran. Jesús muy consciente del impacto de la crisis que experimentan los caminantes determinó acompañarlos a pesar de la incapacidad de ellos para reconocerle. Como agentes pastorales, necesitaremos caminar con personas que experimentan sentimientos de tristeza que de momento les incapacitan y les sumergen en mucha angustia, decepción, impotencia y frustración.

El verso 21 nos permite identificar otros sentimientos comunes en momentos de crisis, como lo son la decepción, el desengaño y probablemente la ira. Es muy probable que también estos caminantes hayan experimentado coraje contra la persona de Jesús, quien había destruido su sentido de esperanza en un mejor futuro. El desengaño, asombro, la tristeza, ira, decepción, frustración, sin duda estaban ocasionando en los caminantes un caos de sentimientos. Es importante destacar que Jesús estaba cerca y acompañaba a los caminantes consciente de la necesidad de dar atención a los sentimientos de éstos; y lo hace a través de una pregunta clave, *¿De qué hablan, por qué están tristes?*

Una de las grandes tentaciones de la mayoría de los agentes pastorales es intentar evitar que las personas en crisis sufran y experimenten sentimientos de tristeza, desesperanza, miedo, abandono, coraje y frustración, entre otros. No obstante, el relato de los caminantes de Emaús nos ofrece la imagen de Jesús como el terapeuta que acompaña a las personas en el camino de los sentimientos más cruentos y dolorosos. Esto nos debe invitar a preguntar, ¿Por qué Jesús no se identifica y se presenta de entrada a los caminantes? ¿Por qué prefirió acompañarles? En nuestra opinión, Jesús estaba muy consiente de que los caminantes necesitaban procesar su propia experiencia y sentimiento, de manera que paulatinamente fueran capaces de superar su propia crisis. En esta narrativa podemos observar que Jesús, como agente pastoral y terapeuta, les motiva a que ellos mismos identifiquen los recursos que les ayuden a poder ir desde la tristeza a la alegría; de la impotencia a la resolución.

La tarea de "cuidado pastoral" debe ser responsabilidad ineludible de todo agente pastoral. Esta se da en función de ayudar a las personas a enfrentar, manejar, superar y mitigar el sufrimiento generado por las diferentes crisis. Por lo tanto, una de las tareas permanentes de todo agente pastoral es ofrecer y dar cuidado a las personas que sufren, utilizando todos los recursos de la práctica del ministerio.

Camino a Emaús: Hacia la resolución

La narrativa comienza con unos caminantes tristes, confundidos, decepcionados y frustrados. No conocemos todo el contenido de la conversación que éstos sostenían antes de que Jesús apareciera en escena. Solo conocemos que venían hablando de lo que había acontecido, haciendo referencia a los sucesos de la crucifixión y muerte de Jesucristo (v.17-20). Sin embargo, en la narrativa vemos como fueron de la tristeza a la alegría, de la desesperanza a la esperanza, de la frustración al optimismo (v.32). No obstante, este proceso hacia la resolución no se dio en el vacío. Jesús, quien se constituyó en el terapeuta de los caminantes, logró ayudar a éstos a ir superando su crisis en la medida que fueron capaces de identificar y expresar sus sentimientos.

En la mayoría de las ocasiones las personas confrontan mucha dificultad para articular sus sentimientos en momentos de crisis por temor a ser juzgados, criticados o enjuiciados. Uno de los elementos más importantes en el proceso de resolución es, precisamente, evitar todo tipo de juicio, crítica y opiniones personales. La aceptación, el respeto, el escuchar con empatía y la ecuanimidad por la personas en crisis son armas poderosas para todo agente pastoral que intente ayudar a la persona en su camino a la resolución.

Es importante recordar que la crisis suele ser una

experiencia transitoria en donde el individuo no es capaz de resolver la situación con los recursos que cuenta al momento de esta. De manera que, dependiendo de la magnitud del evento y de los recursos con los que éste cuenta, es que se completará el proceso de la resolución. Jesús caminó, acompañó, escuchó y preguntó con la intención de que los caminantes transitaran el proceso inherente de la crisis y llegaran a superar la misma.

Los versos 32 al 35 describen cómo los caminantes fueron de la tristeza a la alegría, de la desesperanza a la esperanza y de la frustración al optimismo, que sería sinónimo de completar el proceso de la resolución de su crisis. Además, el acto eucarístico se convirtió en un rito de iluminación en la vida de los caminantes. Fue ese momento donde las personas en crisis comienzan a ver posibilidades y opciones a pesar de su sufrimiento. Según Lucas, Jesús es "una presencia que acompaña en el camino; una presencia no fácil de captar (sus ojos estaban retenidos); una presencia crítica (Jesús los corrige); una presencia que ilumina sus vidas (les enseñaba); una presencia que despierta en ellos la esperanza. Lucas quiere que, al leer su relato, los discípulos desalentados sientan **«arder su corazón».**"[79]

En el verso 32 observamos cómo el optimismo regresa a la vida de los caminantes, no obstante debemos señalar

---
[79] Pagola, 2012, 16.

que fue necesario un momento de reflexión y de respuesta. ¿No ardía nuestros corazones en nosotros mientras nos hablaba en el camino? Como agentes pastorales es de vital importancia que se de espacio a las personas para que éstas puedan reflexionar y encontrar en sí mismas las respuestas y los significados más puntuales de acuerdo a su particular situación y sentimientos.

Finalmente, en los versos 33 al 35 se puede observar de forma concreta la resolución que los caminantes dieron a su crisis. Recuperan sus energías y toman acción, lo que les permitió superar la crisis de forma concreta. De esta manera, los caminantes fueron capaces de regresar y enfrentar las tareas y responsabilidades que habían dejado atrás como consecuencia de la crisis.

Emaús como modelo de experiencia terapéutica

Las escrituras del Nuevo Testamento revelan que Jesús se acercó al individuo, familiares y grupos en situaciones de profunda crisis, sufrimiento, angustia, incertidumbre y ante todo tipo de pérdida, material e inmaterial. Evidentemente, Jesús se acercó con la finalidad de que estos pudieran encontrar la esperanza en medio de la desesperanza (Lc 5:12-26). En medio de la angustia profunda y el dolor que puede experimentar el ser humano en esos momentos Jesús, les anuncia la esperanza, y se convierte en fuente de fortaleza que a su vez les ayuda a encontrar sentido en medio de esa dolorosa experiencia (2 Cor 1:7).

Pagola extrae del evangelio de Lucas una clave para el agente pastoral que consiste en "acompañar a vivir quien se encuentra hundido en la soledad, bloqueado por la depresión, atrapado por la enfermedad o, sencillamente, vacío de alegría y esperanza."[80] La narrativa de los Caminantes de Emaús es un ejemplo de este acompañamiento de Jesús como modelo para nuestro ministerio de cuidado y consejería pastoral.

Aunque el Camino de Emaús nos muestra la intervención terapéutica de Jesús ante las pérdidas, tanto tangibles como intangibles, nos sugiere un modelo de acompañamiento y cuidado pastoral aplicable a cualquier situación de crisis. De ahí podemos extraer dos preguntas fundamentales para el individuo que enfrenta los procesos de perdida: ¿Cómo la persona que se encuentra sumergida en la crisis, aparentemente sin salida, puede encontrar el camino de la restauración? No obstante, como creyentes la pregunta podría formularse de otra manera: ¿cómo podríamos experimentar a Jesús como "luz y salvación" (Sal 27:1) en momentos de pérdida?

El modelo de Emaús pretende responder a nuestras preguntas fundamentales a través de un encuentro con Jesús, quien se revela para salvarnos de nuestras angustias existenciales ineludibles y del sufrimiento humano. E*l modelo de terapia pastoral que propondremos*

---

[80] Pagola, 2012, 29.

integra elementos de la práctica terapéutica de Jesús con la estructura clínica de psicoterapia. Tomaremos el relato de Lucas 24 identificando en el mismo las diferentes etapas del proceso de cuidado pastoral.

El primer paso en el proceso terapéutico como nosotros lo interpretamos de acuerdo al modelo de Emaús, no lo encontramos demarcado de esta manera en modelo clínico porque es la etapa en la que el individuo, en medio de su crisis, comienza a caminar. Es ahí donde se abre al encuentro de otros para intervenir en su proceso de recuperación. Refiriéndose a esta etapa que se puede ver claramente en el verso 13 del relato, el teólogo y psicólogo pastoral Isidor Baumgartner nos dice "con los pasos vienen los pensamientos y los recuerdos, la meditación y la exposición."[81]

"Y he aquí, dos de ellos iban el mismo día a una aldea llamada Emaús, que estaba a sesenta estadios de Jerusalén".

El Camino (vv 13): Para los caminantes del relato la perdida había sido de tal magnitud que los dos implicados en la historia abandonaron la ciudad de Jerusalén tomando el camino a Emaús. Como cuestión de hecho, ya aquí podemos reconocer un elemento vital en el proceso de recuperación: salir, dejar atrás, y más aún, *caminar*

---

[81] Isodoro Baumgartner. *Psicología Pastoral: Introducción a la praxis de la pastoral curativa.* (Bilbao: Desclée De Brouwer, 1997), 26.

acompañados. Ciertamente, lo que había sido significativo en la vida de los caminantes parece perdido. Los caminantes son impactados por una mezcla de sentimientos: tristeza, dolor, miedo, ira e incertidumbre; pero sobre todo han sido embargados por la desesperanza ante un suceso que les hace pensar que todo está perdido. Ante esta escena podemos hablar de la pérdida de la esperanza que se traduce como una pérdida intangible pero igualmente presente.

El hombre y la mujer salen a caminar como una necesidad inherente del ser. Se camina físicamente, emocionalmente y se camina espiritualmente. Se camina con una finalidad definida, hacia una meta, pero también se camina para salir de un lugar o de alguna situación. Caminar es dar pasos que promueven nuestro bienestar. Cuando se emprende el camino debemos estar conscientes que el propio caminar ha de traer consigo cambios para nuestra vida. Por eso es tan importante promover en el aconsejado la necesidad de salir al camino, exponerse a la intemperie de la vida, para que Dios pueda allegarse y acompañarles. Pero para eso es necesario abrirse a la presencia de otras personas y de procesos terapéuticos. Dice el poeta puertorriqueño Roy Brown "sal a caminar, no estés quieto, te vas a enfermar." En este primer paso del proceso es importante enfatizarle al aconsejado que es *caminando* que la persona alcanza su sanidad interior.

Es de gran valor reconocer que, cuando el individuo

que se encuentra en medio de su pérdida comienza a caminar se coloca frente a la posibilidad de superación. Debemos señalar que, en esta etapa del proceso, el cuidado y acompañamiento pastoral se da donde la gente se encuentra, donde la gente está, *en el camino*; no detenidos, sino en movimiento dentro de la ruta trazada. "Tan solo en el andar su camino llega el ser humano a sí mismo, sanado."[82] La superación de la pérdida es posible siempre y cuando se esté dispuesto a caminar. En este camino, como ya hemos visto, es necesario dar una serie de pasos y entrar en diversos procesos para encaminarnos a una resolución satisfactoria.

Así, ya en el camino, el individuo se abre al proceso terapéutico desde el cual le ayudaremos a enfrentar su sufrimiento identificando la presencia de Dios a su lado. El modelo propuesto consta de los siguientes pasos extraídos del texto:

1. vv 15 **Acercamiento** (en el modelo clínico: *observación*)
2. vv 15b **Acompañamiento** (modelo clínico: *observación*)
3. vv 17 **Exploración** (modelo clínico: *indagación*)
4. vv 18-24 **Escuchar** (en el modelo clínico: *indagación*)

---

[82] Baumgartner, 94.

5. vv 27-33 **Descubrimiento** (en el modelo clínico: *abstracción*)
6. vv 35ª **Plan de acción** (en el modelo clínico: *diagnóstico*)

Acercamiento y acompañamiento:

Se le acerca Dios y Camina con ellos (vv 15) *"Sucedió que mientras hablaban y discutían entre sí, Jesús mismo se acercó, y caminaba con ellos"*. La narrativa de Emaús expone el primer paso del proceso de cuidado pastoral, el cual consiste y se traduce en *acompañamiento*. Las implicaciones del acompañamiento de Jesús son muy significativas. Estas deben servir como paradigma sin igual para todos los que de alguna forma enfrentan o acompañan a la gente en su pérdida. Cuando el ser humano ha llegado al punto cero en su vida como resultado de una crisis; cuando el sufrimiento amenaza su propia fuerza y voluntad, el Señor, de acuerdo al relato, se pone al lado de los caminantes. En el momento en el que los caminantes pensaban que el Señor se había ido irremediablemente de sus vidas, era cuando más cerca se encontraba.

Se desprende entonces de la historia la primera consolación: **el Señor está aquí**; el Señor es Señor de presencia. El psiquiatra y psicoterapista Carl Jung estaba tan convencido de esto que colocó en la entrada de su oficina un letrero que decía: "Vocatus atque non vocatus, Deus aderit",[83] **llamado o sin ser llamado, Dios está aquí.**

Exploración:

Les pregunta (vv 17a) *"les dijo: ¿Qué pláticas son éstas que tenéis entre vosotros mientras camináis...?"* Es fundamental para los consejeros, que en el proceso de ayuda, además de acercarse, logren identificar el sufrimiento de la persona. Para ello podría ser de mucha utilidad formular algunas preguntas. En el modelo que aquí presentamos las preguntas fueron: ¿qué pláticas son esas? ¿qué está pasando? ¿de qué se trata este asunto? ¿qué significa esto para ustedes? Las preguntas de Jesús bien podrían servir de modelo a las preguntas que debíamos formular. Estas conducen al centro mismo de la crisis. Esto nos demuestra la importancia que tiene para el proceso de cuidado y acompañamiento pastoral el desarrollar la destreza de formular preguntas relevantes que ayuden a las personas a identificar sus sentimientos más profundos; en este caso específicamente relacionados a la pérdida.

Se detuvieron con rostro triste (vv17b) *"...y por qué estáis tristes".* En el proceso de cuidado para la recuperación, ¿qué hace el cuidador con aquellos que al ser motivados a profundizar sobre sus sentimientos

---

[83] C. G. Jung. *Letter: 1951-1961,* ed. G. Adler, A. Jaffe, andR.F.C. Hull, Princeton, (NJ: Princeton University Press, 1975), vol. 2.

permanecen con rostro triste? Ante la relevancia de ayudar a las personas a identificar sus sentimientos es importante que el cuidador, como Jesús, sea capaz de reconocer lo que las personas experimentan. "Las preguntas del acompañante se dirigen al centro de la crisis; son, en este sentido, críticas. Pero animan también a ir al fondo de manera radical y de allí de nuevo a la vida."[84] Jesús conoce bien todo lo sucedido, tanto así que él mismo es el protagonista del relato de los caminantes. Sin embargo, él no se confía en sus presupuestos, sino que abre camino con su pregunta, para que los caminantes revisiten la historia y exploren sus sentimientos, en este caso de tristeza. Con este ejemplo Jesús validó un principio terapéutico fundamental: *acercarnos a la historia de la gente desde sus propios relatos y sentimientos aun cuando tengamos algún conocimiento previo.* Preguntas como ¿cuáles son tus sentimientos?, ¿cómo te sientes?, ¿cuál es el motivo de tu tristeza?, ¿qué sentimientos afloran cuando hablas de lo sucedido?, permiten que el individuo se adentre en sí mismo y puedan aflorar sus sentimientos para dar paso al proceso terapéutico. De esta manera el cuidador no contamina el proceso con lo que podrían ser sus presupuestos y opiniones filtradas desde su propia experiencia socio-cultural y religiosa.

---

[84] Baumgartner, 99.

Escuchar:

Pero nosotros esperábamos (vv 21) *"Pero nosotros esperábamos que él era el que había de redimir a Israel; y ahora, además de todo esto, hoy es ya el tercer día que esto ha acontecido".* El sufrimiento causado por la esperanza perdida es evidente en este verso. Nuestras expectativas y aquello que hemos idealizado se derrumba ante eventos de crisis inesperados y, sobre todo, ante la pérdida. La empatía del agente pastoral y el terapeuta es clave para permitir al individuo expresarse abiertamente y recorrer los sentimientos de frustración, tristeza, decepción e impotencia que son característicos en estos procesos.

En este quinto paso también se describe otro principio fundamental para este ejercicio terapéutico, el poder hablar de aquello que nos causa dolor y que no hemos podido expresar. El verso 21 representa los contenidos de las conversaciones inconclusas, las cuales es necesario elaborar a la hora de encaminarse a la recuperación. Entre las múltiples maneras de ayudar a las personas en el proceso de hablar del evento y exteriorizar sus sentimientos podríamos enumerar diversas avenidas; sin embargo, una de las que queremos mencionar es la posibilidad de escribir una carta de despedida dirigida a la persona fallecida, si éste ha sido el caso. Alternativas como ésta nos permiten encontrar recursos para articular ideas y transferir sentimientos y emociones al nivel de consciencia, y así poder trabajar con ellos de forma concreta.

Descubrimiento:

Lo referente a Dios en las Escrituras (vv 27) *"Y comenzando desde Moisés, y siguiendo por todos los profetas, les declaraba en todas las Escrituras lo que de él decían"*. Es interesante que Jesús recurre al recuerdo del pasado. Una de las evidencias más comunes de que se ha superado la pérdida se da cuando podemos regresar al pasado, pero ahora sin sufrimiento, sino más bien con agradecimiento.[85] Este paso es vital, ya que también revela que se han descubierto nuevas maneras de reflexionar y de interpretar la pérdida. Mirar la vida desde el lente de las Escrituras es encontrarse con la revelación de Dios para sanidad y salvación en la experiencia concreta de vida de los seres humanos. Es aquí donde se hace evidente la acción terapéutica de Dios.

Ver a Dios (vv 31a) *"Entonces les fueron abiertos los ojos, y le reconocieron."* Los ojos de los caminantes se abren al ver a Jesús partir el pan. En el gesto que se realiza como parte del acompañamiento de Jesús y que se vive en el momento de satisfacer una necesidad primaria en el ser humano: ser alimentado; ahí reconocen a Jesús. Cuando el aconsejado es escuchado, acompañado, comprendido y no juzgado; cuando estas necesidades empiezan a ser

---

[85] La perdida puede ser superada aun cuando experimentemos algún tipo de dolor momentáneo, siempre y cuando este no mine nuestras energías emocionales y nos sumerja en un estado de inhabilidad para funcionar adecuadamente.

cubiertas, pueden abrirse sus ojos a nuevas posibilidades, pero sobre todo a poder identificar la presencia de Dios, aún en medio de situaciones de dolor. El momento de la soledad, del abandono, de la tristeza, del sufrimiento, puede ser un momento donde nuestros ojos estén cerrados; sin embargo, en la medida que el ser humano se siente acompañado y sus necesidades comienzan a ser atendidas, su vida y su circunstancia adquiere un nuevo significado que les lanza hacia nuevos caminos. Ahora en ese camino, ya no se sienten solos, han visto a Dios.

Les ardía el corazón (vv32) *"Y se decía el uno al otro: ¿no ardía el corazón en nosotros, mientras nos hablaba en el camino y cuando nos abrió las Escrituras?"* La presencia del resucitado se siente en lo más profundo del ser, donde se une la corporalidad—la materia— con las emociones y el espíritu que nos comunica con lo trascendente. El uso en griego de καρδία no se refiere al órgano corporal sino más bien "como el lugar del hombre [Sic] a donde Dios se dirige. Es la sede de la duda y la obstinación así como de la fe y de la obediencia."[86] Aquí, en la experiencia de los caminantes, se une lo concreto con lo transcendente; lo que está muerto en el interior cobra vida ante la esperanza de la resurrección. Tanto el cuerpo, y la mente como la dimensión de la fe, se ven revitalizados con el encuentro con la palabra, ahora viva por el cumplimiento de las

---

[86] Lothar Coenen, Erich Beyreuther, Hans Bietenhard. *Diccionario Teológico del Nuevo Testamento Volumen I*. (España: Sígueme, 1998), 340.

Escrituras. Ha sido a través de la palabra que se ha alimentado la fe del pueblo judío, y ahora es a través de la palabra recordada, dictada y proclamada por Jesús que los que se encontraban en angustia y decepción pudieron corroborar el cumplimiento de las promesas.

"El corazón contiene también los recuerdos y los pensamientos, los proyectos y las decisiones. Dios ha dado a los hombres [Sic] un corazón para pensar."[87] (Sal. 33:11)

El agente pastoral debe estimular la exploración de los sentimientos del individuo visitando las Escrituras cómo experiencia de revelación de Dios al ser humano en medio de situaciones de dolor. De esta manera el aconsejado puede conectar sus pensamientos con aquellas historias bíblicas que muestran la naturaleza amorosa y misericordiosa de Dios. Desde este encuentro con la palabra y la vida, y la vida con la palabra debe encenderse el ardor del corazón que permitirá al individuo ver a Dios en su caminar.

Y en el mismo momento se fueron (vv 33) *"Y levantándose en la misma hora, volvieron a Jerusalén, y hallaron a los once reunidos, y a los que estaban con ellos."* Este momento revela la superación de la pérdida, crisis y sufrimiento. En este momento hemos comprendido que el propósito de la caminata de Emaús no es

---

[87] X. Léon-Dufour. *Vocabulario de Teología Bíblica*. (España: Herder, 1988),189.

renunciar al recuerdo y al pasado; más bien sugiere como necesario enfrentarlo y exteriorizarlo para poder llegar a la superación. Pero además, los caminantes deciden regresar a Jerusalén; ya no se huye, ahora se confronta la experiencia de dolor y se comparte con otros para impartir un nuevo sentido a la misma. ***Emaús no es el final de la jornada, sino un punto de referencia en el camino de la vida***; un punto aleccionador e inspirador.

Plan de Acción:

Resolución (vv 35a) *"Entonces ellos contaban las cosas que les habían acontecido en el camino."* Dentro del modelo tradicional de cuidado terapéutico el plan de acción suele ser determinado por el marco teórico que adoptó el psicoterapeuta. Sin embargo, en nuestro modelo de acompañamiento y psicoterapia pastoral, cuando hablamos de plan de acción nos referimos al plan que se desarrolla partiendo de la experiencia de camino y encuentro con Dios en medio de la situación de sufrimiento. Esta experiencia ha tenido lugar con la ayuda del agente pastoral y es el mismo individuo quien ha identificado sus recursos y la manera de emplearlos para alcanzar la recuperación.

En Emaús vemos cómo los caminantes adoptan la opción de compartir y contar a otros aquello que les había acontecido. Para éstos, contar su experiencia era una manera de contagiar con su vivencia a otros. Ofrecer su experiencia, más que sus conocimientos, les hacía portadores de una nueva y buena noticia nacida del sufrimiento. Su dolor había tomado sentido y para mantener activa esa fuente de vitalidad era necesario compartir lo sucedido ahora desde una perspectiva sanadora y esperanzadora.

Síntesis del modelo terapéutico pastoral

Una vez expuesto el modelo, nos proponemos sintetizar el mismo identificando sus aspectos sobresalientes. Nuevamente queremos enfatizar que una de las características principales de nuestro modelo de psicoterapia pastoral (Cuidado Pastoral Clínico Integral) consiste en destacar la exploración y manejo de los sentimientos producidos por los eventos de crisis. Esto significa que el agente pastoral no pondrá su énfasis en la resolución de las circunstancias, ya que muchas no pueden ser cambiadas; sino que ayudará al individuo a identificar los sentimientos que ésta le produce, para que éste pueda cambiar su modo de reaccionar a las mismas y de encontrar nuevos significados ante estas experiencias de sufrimiento. "Vivir es sufrimiento, sobrevivir es encontrar sentido al sufrimiento" (Victor Frankl).[88]

El modelo presentado fusiona el estilo terapéutico de

---

[88] Cabanyes y Moge. 143.

Jesús mostrado en el evangelio de Lucas, con el modelo clínico utilizado en las ciencias de la conducta y el modelo clínico pastoral. En el mismo hemos identificado y adoptado algunos elementos del modelo de Terapia Centrada en el Cliente, de Carl Rogers, en el cual éste reconoce que el individuo posee en sí mismo vastos recursos para comprenderse y modificar sus comportamientos y conductas. "De ahí su énfasis en que los comportamientos de una persona son mejor comprendidos cuando se examinan desde el propio marco de referencia interno del individuo."[89]

A manera de resumen, pretendemos que el agente pastoral pueda **acercarse** al individuo, dedicando el tiempo necesario, a través de un proceso de acompañamiento que le permita expresarse libremente, en sus propias palabras, sin sentirse juzgado ni culpado. Durante esta etapa es importante que el cuidador **escuche** atentamente mostrando empatía, aún cuando éste tenga conocimiento previo de la situación por la que atraviesa su aconsejado. En gran medida la efectividad de esta etapa dependerá de que el agente pastoral pueda hacer preguntas abiertas que permitan al individuo **profundizar** en sí mismo en busca de sus sentimientos más significativos y exponerlos sin temor.

---

[89] Jesús Rodríguez. *Relaciones Pastorales con el Personal Médico en el Hospital*. (USA: AETH, 2000), 78.

A diferencia de otros modelos de psicoterapia, este propone utilizar las **narrativas bíblicas** para mostrar el vínculo entre el sufrimiento humano y la presencia de Dios en medio de éste. Durante este proceso de **descubrimiento** se identifican los sentimientos y su causal, a la vez que se van abriendo los ojos al acompañamiento de Dios y a las posibilidades de superación. Es aquí donde el agente pastoral debe ir preparando su salida como parte del plan pastoral o **plan de acción**. La etapa de **reinterpretación** permite al individuo, junto al cuidador, revisar los acontecimientos desde un nuevo lente, el lente que permite ver lo oscuro que ha salido a la luz y por ende cobra nuevas posibilidades. *Esta reinterpretación debe dar paso a un plan que permita al individuo caminar solo, para que no se cree una relación de dependencia con el agente pastoral, y que éste pueda ganar de la experiencia un sentido de autosuficiencia que le permita superar la crisis y encontrar nuevo sentido en la misma, impactando todos los aspectos de su vida.* La clave para esto debe estar en que la persona que ha experimentado la crisis cobre consciencia de la presencia de Dios en su vida, en sus sufrimientos y también en sus alegrías.

VERBATIM:
relato práctico de intervención del modelo de Cuidado Clínico Pastoral

(A continuación narraremos una entrevista en la que se siguió brevemente el modelo sugerido)

Paciente: MT   Edad: 55

Estado Civil: Viuda   Religión: Evangélica

Diagnóstico clínico: Depresión, PTSD

Datos conocidos:

La paciente es madre soltera, con 3 hijos de diferentes padres. Fue adicta y se encuentra recuperada hace más de 7 años. Estuvo casada por 5 años, y enviudó hace aproximadamente un año. Su hijo mayor fue asesinado hace 6 meses. La paciente ha sido clínicamente diagnosticada con Depresión y con PTSD como resultado de experiencias traumáticas de la niñez. Actualmente vive con su mamá, a quien cuida por estar en edad avanzada y con condiciones delicadas de salud.

Entrevista: (Luego del periodo inicial de acercamiento y acompañamiento, el agente pastoral entra en las siguientes fases del proceso comenzando por la exploración)

AP = Agente Pastoral   P = Paciente

AP 01: ¿Qué sentimientos ha generado en ti la muerte de tu hijo?

P 01: Pastor en menos de 5 meses he perdido dos de las personas más significativas en mi vida, mi esposo y ahora mi hijo. Creía que la muerte de mi esposo no la podría superar, yo esperaba poder vivir muchos años con él, ahora que mis hijos ya cada cual tiene su familia y están estables. Su muerte fue devastadora para mi, y cuando aun no lo he superado pierdo a mi hijo mayor. No lo puedo entender. Siento que estoy en un agujero muy profundo, que no puedo ver nada más que oscuridad.

AP 02: M[90] te agradezco que hayas compartido conmigo estos sentimientos tan significativos. Me gustaría que profundizaras un poco. De todo lo que te ha sucedido ¿qué es lo que más te preocupa?

P 02: Tengo miedo de nunca poder recuperarme de esto. Me siento muy sola. Todos los días me pregunto por qué me ha sucedido esto, por qué mataron a mi hijo, por qué si el era quién cuidaba de mi. (Llorando profundamente)

AP 03: M, es indudable que has experimentado unas pérdidas muy significativas que te hacen sentir muy sola. La presencia de tu esposo y de tu hijo es insustituible. ¿Con

---

[90] Los nombres han sido cambiados para proteger la identidad de la paciente.

qué otras personas cuentas que te gustaría que te acompañen en estos momentos?

P 03: Tengo dos hijos más. De hecho, mi hija está embarazada y da a luz en estos días. Espero poder irme con ella. Eso me llena de ilusión. Me gustaría que si el bebé fuera varón le pusiera el nombre de su hermano, pero usted sabe que uno no puede imponérsele a esos muchachos.

AP 04: Además de tus hijos, con qué recursos de fe has contado para enfrentar esta situación.

P 04: A veces me siento mal porque he llegado a pensar que Dios me ha estado castigando. Muchas veces le pregunto por qué ha permitido esto. Mi hijo no tenía la culpa de lo que yo haya hecho mal. Ahora que yo creía que había enderezado mi vida, con un hombre que me amaba, respetaba y me trajo a la iglesia, y un buen hijo que me cuidaba, es como si Dios se hubiese olvidado de mi.

AP 05: M no está mal que exteriorices tus sentimientos y dudas hacia Dios. En momentos como este es natural que se nos nuble el camino y nos sintamos abandonados. ¿De qué otra manera tu fe te ha ayudado a superar los sentimientos de culpa que te hacen sentir castigada por Dios?

P 05: Pastor, aun que a veces pienso que Dios me ha castigado, voy a la iglesia y leo la Biblia y me calmo. Sé que esos son sentimientos que me pasan por la mente cuando estoy desesperada, pero la gente de la iglesia ha sido muy buena conmigo, me han acompañado todo el tiempo. Yo no sé qué hubiera sido de mi si no estuviera en la iglesia.

AP 06: Y ¿cómo has sentido a Dios en medio de esta situación?

P 06: Le tengo que confesar que a veces lo siento lejos, pero siempre pasa algo que me demuestra que Dios no me deja. Sobre todo con la gente de la iglesia; me buscan, me llaman, preguntan por mi. Yo sé que oran mucho por mí.

AP 07: Ahora que puedes identificar a Dios en tu vida durante estos momentos difíciles, ¿cómo crees que estas experiencias puedan cobrar un nuevo significado?

P 07: ¡Si usted supiera lo que me pasó hace unos días! Estuve muy deprimida, al punto de que hasta me preguntaba para qué seguir viviendo. Recuerdo que hasta a usted le dije que iba a venir para que habláramos. Mire, para los días de Acción de Gracias fui a una actividad para deambulantes; era algo que hacía todo los años junto a mi esposo. Cuando yo estuve en las drogas, él me conoció en una actividad como esa. Pues esta vez, ayudando a las personas que servían la comida, me puse a hablar con un policía y este me dijo que por qué no venía a una actividad en la cárcel a contar mi testimonio. ¡Me dio un susto tremendo, no podía ni creerlo! No sabía que contestarle, pero le dije que sí.

AP 08: ¡No sabes la alegría que me da saber eso! ¿Cómo te ha hecho sentir esta invitación?

P 08: Usted no tiene idea. Yo nunca pensé que alguien me considerara para contar mi testimonio. Siempre me he sentido que no valgo nada, ni tengo nada que aportar, y de pronto, cuando más deprimida me siento, me sucede algo así. Hasta feliz me sentí. Aunque me asusta porque nunca lo he hecho, ahora pienso que tengo muchas cosas que contar a la gente que están como yo estaba y tal vez mi historia les pueda ayudar.

La entrevista que acabamos de compartir describe y resume el diálogo entre el agente pastoral y su aconsejado. En el mismo podemos observar el fluir del proceso terapéutico sugerido en nuestro libro. La utilidad del "Verbatim" nos permite reflexionar, en primer lugar sobre nuestros propios sentimientos como agentes pastorales y evaluar nuestra intervención, de manera que logremos mejorar aquellas áreas débiles en nuestra entrevista. Confiamos que nuestro modelo proporcione una herramienta útil a cada agente pastoral para que éstos puedan sentirse mejor capacitados para ejercer un ministerio de Cuidado y Consejería mucho más efectivo.

CONCLUSIÓN

La tarea pastoral que hemos denominado en este libro como "cuidado y acompañamiento clínico pastoral" se da en función de ayudar a las personas a enfrentar, manejar, superar y mitigar el sufrimiento generado por las diferentes crisis. Por lo tanto, una de las tareas permanentes de todo agente pastoral, es ofrecer y dar cuidado a las personas que experimentan algún tipo de sufrimiento o se encuentran atravesando algún cambio significativo, utilizando todos los recursos de la práctica del ministerio incluyendo la psicoterapia pastoral. Hemos establecido que el cuidado pastoral clínico utiliza las ideas y principios de la espiritualidad, la psicología, la religión, la teología y las ciencias del comportamiento en el trabajo con individuos, parejas, familias, grupos e instituciones, hacia el logro del bienestar integral y la salud.

Una dimensión importante en el método de cuidado y acompañamiento pastoral sugerido en este libro, a diferencia de otros enfoques de la consejería profesional y de la psicoterapia, es la convicción de que la salud mental y emocional se entiende mejor cuando se abordan las necesidades espirituales, religiosas y psicológicas de los individuos. Como pastor, consejero, psicoterapeuta, traumatólogo clínico y capellán institucional, he podido ofrecer cuidado pastoral clínico a muchas personas que sufren de diferentes condiciones de salud mental y crisis emocionales. Particularmente la experiencia que he tenido atendiendo y brindando cuidado pastoral clínico a pacientes en la Unidad de Salud Mental del hospital donde presto servicio, me ha permitido corroborar el impacto positivo en los pacientes que han recibido asistencia y terapia grupal e individual integrando la dimensión espiritual como parte del tratamiento que reciben.

Como hemos señalado a través del libro, cuidado pastoral clínico es mucho más que aconsejar o acompañar; es ayudar a que el individuo identifique y explore lo que es más significativo en su vida y logre enfrentar, manejar y superar el dolor y el sufrimiento haciendo uso de sus recursos personales desde su propia experiencia de fe. "El elemento de preocupación inherente en el ser humano sobre la trascendencia y la dimensión intangible del ser sólo se puede atender a través de un cuidado que incluya la experiencia del hombre y la mujer con lo Sagrado."[91]

El propósito de nuestro libro consiste en brindar a los agentes pastorales y líderes eclesiales una propuesta de cuidado pastoral clínico que integre elementos psicoterapéuticos. Nuestra aspiración es que aquellos que no poseen un adiestramiento profesional en él área de la psicología de la religión y la psicoterapia adquieran unas nociones básicas, teóricas y prácticas que le permitan ofrecer cuidado pastoral clínico a sus aconsejados. De esta manera estos podrán recibir cuidado pastoral de forma integral.

La relevancia de nuestro libro consiste en brindar a cada agente pastoral una visión panorámica del cuidado pastoral y la psicoterapia, así como un modelo práctico que integre el elemento bíblico-teológico del acercamiento terapéutico de Jesús al cuidado y consejería pastoral. Este modelo les permitirá atender las necesidades de sus aconsejados partiendo de su propia fe, pero integrando elementos valiosos de la psicoterapia, las ciencias sociales y del comportamiento humano. De esta manera el pastor puede obtener una radiografía más amplia de las necesidades del individuo, permitiéndole así hacer un referido apropiado a otros profesionales cuando sea necesario.

---

[91] Samuel Pérez e Ivelisse Valentín. *El Cuidado en la Palabra: Sermones sobre Cuidado Pastoral.* (San Juan: Todo Gracia), 2015.

Un elemento eje de nuestra propuesta es la integración de la espiritualidad en la psicoterapia. Establecemos que la espiritualidad y la psicoterapia no tienen por qué ser incompatibles; por el contrario, la espiritualidad es un elemento fundamental para que las personas obtengan y aspiren a vivir de manera plena, aún en medio de sus mayores crisis existenciales, materiales, emocionales y de fe. Todo agente pastoral, de una manera u otra, intenta ofrecer cuidado a sus aconsejados. No obstante, como hemos señalado, este cuidado muchas veces se limita a atender las necesidades y preocupaciones religiosas de los aconsejados. Es evidente que éstos acuden al agente pastoral esperanzados en que éste les ayude a manejar y superar todo tipo de necesidades emocionales y relacionales; por lo cual es muy importante que el agente pastoral posea las destrezas básicas del cuidado clínico pastoral para poder ofrecer una ayuda que responda a las necesidades de su aconsejado.

A través de nuestros estudios y experiencia clínica ministerial, hemos concluido que existe una necesidad imperante de que los agentes pastorales adquieran adiestramiento en el campo del cuidado pastoral clínico. Los aconsejados esperan que los agentes pastorales les ayuden a lidiar con todo tipo de crisis. Por lo tanto, podremos ofrecer un cuidado mucho más holístico y efectivo si integramos elementos de la psicoterapia en el modelo de cuidado pastoral.

EL CUIDADO EN LA PALABRA

Con la finalidad de que nuestros lectores puedan tomar mayor conciencia de la necesidad de conocer y poner en práctica algún modelo concreto, ofrecemos un vistazo panorámico sobre el método clínico pastoral. Hemos mostrado cómo este método puede ser de gran valor al agente pastoral a la hora de ofrecer cuidado a sus aconsejados, ya que el método brinda el proceso y los pasos que el agente pastoral seguirá en su entrevista. El fin del método es ayudar a que la persona logre identificar cómo su propia fe puede ser una fuente de consuelo, sostén, confianza y esperanza. Es importante enfatizar que nuestro libro no pretende convertir a los agentes pastorales en psicoterapeutas. Nuestra intención y finalidad ha sido proveer a quienes no posean adiestramiento formal en el campo de la psicoterapia, un modelo de cuidado pastoral clínico basado en varios de los elementos utilizados por la persona de Jesús, contenidos en la narrativa de los caminantes de Emaús. Estos elementos contenidos en la narrativa integran diversos criterios del método clínico pastoral. Luego de llegar a estas conclusiones, nos refugiamos en el poder de la palabra y el ejemplo de Jesús para hacer de la experiencia terapéutica una que tenga un efecto trascendental en la vida del individuo; que le sane temporalmente y le permita restaurar su relación con Dios y encontrar en ésta un recurso poderoso para enfrentar la vida desde una fe saludable que promueva la plenitud y el gozo.

EL CUIDADO EN LA PALABRA

ACERCA DEL AUTOR

El **Rev. Dr. Samuel E. Pérez Rivera** es ministro ordenado de la Iglesia del Nazareno de la cual es Pastor Titular en la congregación local de Levittown, PR y la Christian Nazarene Academy, (Puerto Rico). Es profesor adjunto del Seminario Evangélico de Puerto Rico y del Seminario Nazareno de las Américas (Costa Rica) y director del Cuerpo de Capellanía de la Policía de Puerto Rico. Fue Superintendente de Distrito de la Iglesia del Nazareno en Puerto Rico y coordinador del "Programa Regional de Cuidado y Consejería a Pastores y sus Familias" de la Iglesia del Nazareno Región del Caribe. Posee dos grados doctorales en Psicoterapia y Christian Counseling, una Maestría en Divinidad del Seminario Evangélico de Puerto Rico y una Maestría en Artes en Ministerio de Church of God Theological Seminary, Cleveland, TN. Posee una certificación en Educación Clínica Pastoral (CPE) y Consejería Pastoral que le faculta como "Supervisor In Training" del College of Pastoral Supervision and Psychotherapy, NY. Además está certificado en "Hostage Negotiations", "Traumatología Clínica y de Campo" y en "Grief Recovery Method".

Samuel E. Pérez Rivera

REFERENCIAS

Ahlskog, Gary R., Ph.D. The *Paradox of Pastoral Psychotherapy*. Journal of Pastoral Care and Counseling. (December 1987) 41:311-318. Sage Journals. PDF.

Anandarajah G. Hight E. *Spirituality and Medical Practice: Using the HOPE questions as a practical tool for spiritual assessment*. American Family Physician. 63(1). (2001), 81-88.

APA Diccionario Conciso de Psicología. (México: Manual Moderno, 2010).

Arterburn, Stephen y Jack Felton, *Toxic Faith*. (Colorado: Waterbook Press, 2001).

Asquith, Glenn H Jr., Ed. *The Concise Dictionary of Pastoral Care & Counseling* (Nashville: Abingdon Press, 2010) Ubicaciones Kindle 1293 hasta 1318.

Baker, Mark W. *Jesus the Greatest Therapist who ever lived*. (New York: Harper One. 2007) 42- 43.

Baumgartner, Isodoro. *Psicología Pastoral: Introducción a la praxis de la pastoral curativa*. (Bilbao: Desclée De Brouwer, 1997), 26.

Boisen, Anton T., *Out of the Depths* (New York, NY: Harper and Brothers, 1960), 113.

Boff, Leonardo. *Espiritualidad: Un camino de Transformación*. (España: Sal Terrae, 2002), 82- 83.

Bueckert, Leah Dawn and Daniel S. Schipani, Eds. *You welcomed me: Interfaith spiritual care in the hospital*. (Ontario: Pandora Press, 2010), 19. Citado de Carl R. Rogers, *Client Centered Therapy* (Boston: Houghton Mifflin Company, 1965), 45.

Bueckert and Schipani, Eds., 151. Citado de Anton Boisen's essay, Clinical training in the theological education: The period of beginnings." *Chicago Theological Seminary Register* (1953).

Caro Gabalda, Isabel. *Hacia una práctica eficaz de las Psicoterapias Cognitivas: Modelos y Técnicas Principales.* (Bilbao: Desclée de Brower, 2011), 19.

Castillo, José María, *Espiritualidad para Insatisfechos.* (España: Editorial Trotta, 2007), 17.

Clinebell, Howard. *Asesoramiento y Cuidado Pastoral.* (Michigan: Libros Desafío, 1995), 380.

Coenen, Lothar, Erich Beyreuther, Hans Bietenhard. *Diccionario Teológico del Nuevo Testamento Volumen I.* (España: Sígueme, 1998), 340.

Cunningham, Lawrence. *Espiritualidad Cristiana:Temas de la Tradición.* (España: Sal Terrae), 29.

Diaz Sanjuan, Lidia. Textos de Apoyo Didáctico. *Procedimiento y proceso del Metodo Clinico.* (México: Facultad de Psicología, 2011). PDF

Diaz Sanjuan, Lidia. Textos de Apoyo Didáctico. *La Observación.* (México: Facultad de Psicología, 2011). PDF. 16.

Doehring, Carrie. *The Practice of Pastoral Care, Revised and expanded edition.* (Kentucky: John Knox Press, 2015), Kindle 389.

Donovan, D. W. *Assestments.* Essay from: Rabbi Stephen B. Roberts, Ed. *Professional Spiritual & Pastoral Care: A Practical Clergy and Chaplain's Handbook.* (Vermont: Skylight Paths, 2011), 44.

Fitchett, George. *Assessing Spiritual Needs: A Guide for Caregivers.* (Ohio: Academic Renewal Press, 2002), 16.

Forty, Alex. *Manual de Capacitación y Prevención del Síndrome de Fatiga por compasión para profesionales de la salud mental en Puerto Rico. 2012, p.13.* Tesis Doctoral, Universidad Carlos Albizu, San Juan, PR. PDF.

Pimentel torres, Franklin. *Ministerios, diakonía y solidaridad en la literatura lucana.* Ribla 59. Quito: CLAI. 2008. 30.

Garrett, James Leo, James. *Teología Sistemática: Tomo I.* (US: Editorial Mundo Hispano, 2003), 352.

González, Justo. *Mañana: Christian Theology from a Hispanic Perspective.* (Nashville: Abingdon Press, 1990), Kindle location 2987.

González-Rivera, Juan A. *Espiritualidad en la Clínica: Integrando la Espiritualidad en la Psicoterapia y la Consejería.* (Puerto Rico: Ediciones Psicoespiritualidad, 2015), 27.

Hood Jr., Ralph, W., Peter C. Hill and Bernard Spilka. *The Psyhcology of Religion: An Empirical Approach. Fourth Edition.* (London: The Guildford Press, 2009), 3.

James, John W., Rusell Friedman, *Superando Pérdidas Emocionales,* (USA: Library of Congress Cataloging-in-Publication Data, 2000), 5.

Jung, C. G. *Letter: 1951-1961,* ed. G. Adler, A. Jaffe, andR.F.C. Hull, Princeton, (NJ: Princeton University Press, 1975), vol. 2.

Kleinke, Chris L. *Principios comunes en psicoterapia.* (Bilbao: Desclée de Brower, 2002), 21.

Koening, Harold G., MD. *Spirituality in Patient Care: Why, How, When and What.* (Philadelphia: Templeton, 2013), 157.

LaMothe. Broken and Empty: Pastoral Leadership as Embodying Radical Courage, Humility, Compassion, and Hope, *Pastoral Psychology,* August 2012, Volume 61, Issue 4, p. 461.

Larso, K. *The Importance of Spiritual assessment: One Clinician's journey.* (Geriatric Nursing. 24(6). (2003), 370-371

Léon-Dufour, X. *Vocabulario de Teología Bíblica.* (España: Herder, 1988), 189.

Miller, L. and Standley J. Grenz. *Fortress Introduction to Contemporary Theologies.* (Minneapolis: Fortress, 1998), 114.

Nolan, Patrick. *Therapist and Client : A Relational Approach to Psychotherapy.* (Somerset, NJ, USA: John Wiley & Sons, 2012), 165. ProQuest ebrary. Web. 9 November 2015.

Pagola, José Antonio. *El Camino Abierto por Jesús: Lucas.* (Buenos Aires: PPC Editorial, 2012), 9.

Pagola, José Antonio. *Recuperar el Proyecto de Jesús.* (Buenos Aires: PPC Editorial, 2012), 144-145.

Pagola, José Antonio. *¿Un Dios Sádico? La expiación vicaria.* 2012. PDF.

Pérez, Samuel e Ivelisse Valentín. *El Cuidado en la Palabra: Sermones sobre Cuidado Pastoral.* (San Juan: TodoGracia), 2015.

Polischuk, Pablo. *El Consejo Terapéutico: Manual para pastores y consejeros.* (España: Editorial Clie, 1994), 29.

Roberts, Rabbi Stephen B. *Professional Spiritual & Pastoral Care: A Practical Clergy and Chaplains Handbook.* (Vermont: Skylight Path Publishing, 2013), 24.

Rodríguez, Jesús. *Relaciones Pastorales con el Personal en el Hospital.* 147.

Rodríguez, Jesús. *Relaciones Pastorales con el Personal Médico en el Hospital.* (USA: AETH, 2000), 78.

Slaikeu, Karl A. *Intervención en Crisis: Manuela para práctica e investigación.* (México: Manual Moderno, 2000), 223.

Varone, Francoise. *El Dios Sádico: ¿Ama Dios el sufrimiento?*

Santander: Sal Teerae. 1988.

Wise, Carroll A., *Pastoral Psychotherapy: Theory and Practice*. (USA: Jason Aronson, 1987), 3- 4, 6.

RECURSOS ACADÉMICOS DE INTERNET

Boer, Miguel Ángel. *Fundamentos de Psicoterápia. Breve Reseñ histórica de sus distintos enfoques teóricos y clínicos.*
http://www.psiquiatria.com/psiq_general_y_otras_area/historia/fundamentos-de-psicoterapia-breve-resena-historica-de-sus-distintos-enfoques- teoricos-y-clinicos/

Congregation for the Clergy, Vaticano. E*volución del concepto "teologia pastoral"*. Accedido el 3 de octubre del 2015, www.clerus.org/clerus/dati/2005-03/22-13/Tpasto.htm.

Red de Revistas Cinetíficas de América Latina y el Caribe, España y Portugal, Sistema de Información Científica. *¿Qué es la Epistemología?* http://www.redalyc.org/pdf/101/10101802.pdf

Scholten, Amy, MPH. Empower, Improving Health, Changing Lives. *Asesoría pastoral: Integrando la espiritualidad y psicoterapia,* http://www.empowher.com/media/reference/asesoria-pastoral-integrando-la-espiritualidad-y-psicoterapia

12° Congreso Virtual de Psiquiatría. Interpsiquis 2011 www.interpsiquis.com - Febrero-Marzo

Koening, Harold G. *Religion, Spirituality and Health: Research and Clinical Applications*. 2008. PDF. Accedido: 20 de diciembre de 2015.

http://www.nacsw.org/Publications/Proceedings2008/KoeningHReligios.pdf

Sanjaime, Pedro. "Trasfondo Histórico de la Consejería Pastoral." *Edificación Cristiana,* marzo/abril, (2012). http://asociacionbernabe.com/publicaciones/wp-content/uploads/2015/02/Trasfondo-hist%C3%83%C2%B3rico-de-la-Consejer%C3%83%C2%ADa-Pastoral-Pedro-Sanjaime.pdf. (Accesado el 7 de octubre de 2015.)

What is Pastoral Counseling?
http://www.theclinebellinstitute.org/aboutus_wpc.htm (accesado el 13 de septiembre de 2015.

Cruz Hernández, Jeddú. Biblioteca Virtual en Salud de Cuba. *Importancia del Método Clínico.* http://bvs.sld.cu/revistas/spu/vol38_3_12/spu09312.htm

EL CUIDADO EN LA PALABRA

Made in United States
Troutdale, OR
10/20/2024